Gebt den Juden Schleswig-Holstein!

Henryk M. Broder und Erich Follath

Gebt den Juden Schleswig-Holstein!

Wenn Deutsche Israel kritisieren – Ein Streit

Deutsche Verlags-Anstalt

FSC
Mix
Produktgruppe aus vorbildlich bewirtschafteten Wäldern und anderen kontrollierten Herkünften
www.fsc.org Zert.-Nr. SGS-COC-001940
© 1996 Forest Stewardship Council

Verlagsgruppe Random House FSC-DEU-0100
Das für dieses Buch verwendete FSC-zertifizierte Papier *Munken Premium Cream* liefert Arctic Paper Munkedals AB, Schweden.

2. Auflage 2010

Typografie und Satz: DVA/Brigitte Müller
Gesetzt aus der Stone
Druck und Bindung: GGP Media GmbH, Pößneck
Printed in Germany
ISBN 978-3-421-04482-2

www.dva.de

INHALT

II. SCHAUSPIEL

E-Mail for You: Der Briefwechsel

VORWORT

»Land der Täter, Land der Opfer« oder »Mein Feind, der Freund«

Israel ist die einzige Demokratie im Nahen Osten – aber auch eine Besatzungsmacht, die Menschenrechte verletzt. Sollen sich Deutsche mit Kritik zurückhalten? Verpflichtet die Geschichte sie besonders, Missstände anzuprangern? Oder geht das: Israel wie jedes x-beliebige Land behandeln?

Ob beim Antrittsbesuch des Ministerpräsidenten Benjamin Netanjahu in Berlin im Sommer 2009 und dessen hinter den Kulissen erhobenen Forderung, die Frage der möglicherweise völkerrechtswidrigen Siedlungen im besetzten Gebiet auszuklammern; ob während des Gaza-Kriegs und der Aufarbeitung seiner Gräuel, die der Uno-Bericht Richard Goldstones wie die Recherchen der meisten Menschenrechtsorganisationen neben der Hamas auch und vor allem der israelischen Armee anlasten; ob beim Besuch des israelischen Kabinetts bei den deutschen Amtskollegen zur gemeinschaftlichen Sitzung in Berlin Anfang 2010, eine Ehre, die ansonsten nur den Franzosen gewährt wird und bei dem strittige Punkte zum Ärger mancher und zur Freude vieler in einer Harmonie-Sauce ertränkt wurden: Wenn es um Israel geht, kochen in Deutschland die Emotionen hoch.

Darf man, soll man, muss man als Deutscher den Judenstaat kritisieren – und in welcher Form? Zwingt die deutsche Geschichte uns zu besonderer Rücksichtnahme – oder erfordert sie, im Gegenteil, besondere Klarheit im Umgang mit Israel? Messen die Israel-Kritiker mit zweierlei Maß – oder die Israel-Verteidiger? Vor allem aber: Ab wann nimmt die Kritik an Israel antisemitische Züge an und verletzt so ein Tabu, das kein Deutscher gebrochen sehen sollte – und welche Institution, welche Person entscheidet darüber?

Wie fixiert wirken manche deutsche Politiker besonders von der Linken auf eine scharfe Israel-Kritik und scheuen dabei oft vor Formulierungen aus der Nazi-Zeit nicht zurück. Gegen die Palästinenser würde ein »Vernichtungsfeldzug« geführt, äußerte beispielsweise Ex-Arbeitsminister Norbert Blüm nach einem Nahostbesuch; auch hochrangige Vertreter der evangelischen Kirche scheuen nicht davor zurück, die Zustände im Westjordanland mit dem Attribut der »Ghettoisierung« zu belegen; der katholische Kardinal Meisner fand nichts dabei, legalisierte Abtreibungen mit dem Holocaust zu vergleichen. Kein sprachliches Minenfeld bleibt unberührt.

Wenn Worte zu Waffen werden, fehlt freilich auch die andere Seite nicht. Denn den Radikalkritikern gegenüber stehen die Apologeten: Israel als Unschuldslamm. »Europa dämonisiert Israels sechs Millionen Juden, obwohl sie sich nur gegen einen von blindem religiösen Hass angetriebenen Feind wehren«, besonders die Deutschen seien geradezu »besessen von arabischem Leid«, schreibt der holländische Schriftsteller Leon de Winter in der »Zeit«. Vertreter konservativer deutscher Parteien äußern, wenn überhaupt, nur extrem vorsichtig Kritik an der Regierung in Jerusalem, als gelte es, sie in Watte zu packen. Und auch die deutsche Presse bleibt bei ihrer Verurteilung israelischer Übergriffe gegen Palästinenser weit hinter dem zurück, was in Israel täglich in Zeitungen erscheint – in besonderem Maß gilt das für die Organe aus dem Springer-Verlag, der immer vorneweg ist, wenn es darum geht, Israels Politik ohne Wenn und Aber zu verteidigen. Die »Aussöhnung mit Israel« zählt zu den Grundregeln, für die sich jeder Angestellte des Verlags einsetzen muss. Das Diktum des Axel Caesar Springer wird offensichtlich bis heute weitgehend als bedingungsloser Einsatz für die jeweilige Regierung in Jerusalem verstanden. Als stünde Israels Existenz noch genauso in Frage wie zu Lebzeiten des 1985 verstorbenen Verlegers, als sei Israel nicht längst Atommacht und stärkste militärische Kraft in Nahost – und zumindest teilweise und zeitweise in der Region nicht nur Opfer, sondern auch Täter.

Aber kann, soll, darf der Judenstaat für Deutsche inzwischen wirklich ein x-beliebiger Staat sein? Welche Lehren aus der Shoah müssen wir ziehen, wenn es um unser Verhältnis zu Israel geht? Dramatisieren oder verharmlosen wir den Antisemitismus – und in welchem Verhältnis steht dieses Phänomen zu unserer Kritik am Judenstaat?

Denn auch das ist Teil der deutschen Wahrheit in den Jahren 2009 und 2010: Ein Gericht in München verhandelt im vielleicht letzten aller Nazi-Prozesse gegen den greisen John Demjanjuk, wegen Beihilfe zum Mord an 279 000 Menschen im Vernichtungslager Sobibor – und der Wahlverteidiger Ulrich Busch wagt es in aller Öffentlichkeit, den gebürtigen Ukrainer Demjanjuk mit den jüdischen Opfern des Holocaust zu vergleichen; »auf gleicher Stufe« stehe der angeblich zu seinen Taten gezwungene Angeklagte mit dem anwesenden Nebenkläger Thomas Blatt. Und nicht weniger bestürzend: gewalttätige Demonstranten verhindern in Hamburg die Vorführung eines Films über Israel, den der berühmte »Shoah«-Regisseur Claude Lanzmann gedreht hat. »Vermummte Demonstranten, bespuckte Kinobesucher, ein geschmähter jüdischer Regisseur«, berichten die Medien. Und das auf St. Pauli, und keinesfalls ausgelöst von einem rechtsradikalen Mob, sondern von sich als »links« verstehenden Anti-Israel-Demonstranten.

Dass es im marxistischen Spektrum eine Tradition des Antisemitismus gibt, lässt sich kaum bestreiten. Er ist bei den Frühsozialisten, der europäischen Arbeiterbewegung des 19. und 20. Jahrhunderts ebenso dokumentiert wie in den Ostblockstaaten nach 1945 mit ihren stalinistischen Kampagnen und Schauprozessen gegen »Zionismus und Kosmopolitismus«. Im Nachkriegsdeutschland war ein besonders erschreckendes Beispiel der Anschlag der »Tupamaros Westberlin« – einer Vorläufergruppe der terroristischen »Bewegung 2. Juni« auf das jüdische Gemeindehaus in der Nacht vom 9. auf den 10. November 1969. Auch später haben Radikale aus dem »progressiven« Spektrum wie die Gruppe »Linksruck« sich mehr oder weniger offen auf die Seite derer gestellt, die Israel zerstört sehen wollten.

Auf der anderen Seite wurde erst vor wenigen Monaten dem israelischen Historiker Ilan Pappé auf Betreiben der jüdischen Gemeinde vom Münchner Oberbürgermeister die Erlaubnis entzogen, an der Universität einen Vortrag zu halten. Der Grund: Pappés kritische Ansichten zur Gründung des Staates Israels.

Aber was hat das mit harter, womöglich auch fundamentaler Kritik an Positionen israelischer Regierungen zu tun? Ist zum Grundstock des alten Antisemitismus ein neuer Antisemitismus dazugekommen, womöglich durch israelische Politik provoziert? Verharmlost allein schon diese Frage den Antisemitismus, oder ist er tatsächlich vergleichbar mit der »Islamophobie«, der Hetze gegen alles Islamische? Darüber ist ein bitterer Streit unter deutschen Antisemitismusforschern entstanden, der bis heute weiterschwelt. Die eine Seite warf der anderen inflationären Gebrauch des Wortes vor, die andere sah ideologische Blindheit am Werk – Wissenschaftler echauffierten sich so, dass sie im Jahr 2006 nicht mehr miteinander reden mochten.

Viele kluge Bücher sind zu dieser Problematik geschrieben worden. Der Publizist und Ex-Kulturstaatsminister Michael Naumann ist Herausgeber eines Sammelbandes mit dem bezeichnenden Titel: »Es muss doch in diesem Land wieder möglich sein« – eine beliebte Formulierung der Israel-Hasser. Professor Wolfgang Benz, der in Berlin Geschichte lehrt und das Zentrum für Antisemitismusforschung leitet, hat sich in mehreren seiner Werke mit Stereotypen, Klischees und Geschichtsklitterungen befasst. Er hält eine maßvoll kritische Berichterstattung über Israels Politik zwar für gerade noch erlaubt, aber möchte gern selbst Grenzen ziehen, weil er eine »Brückenfunktion der Judenfeindschaft zwischen der Mitte der Gesellschaft und dem Rechtsextremismus« erkannt zu haben glaubt.

Vor wenigen Monaten erst erschienen sind zwei Bücher jüdischer Autoren, die Israel kritischer sehen und Deutsche zumindest indirekt ermutigen, dies auch zu tun. Avraham Burg, Wohnsitz Jerusalem, linksliberaler »Peace-Now«-Aktivist und ehemaliger Knesset-Sprecher, wagt in »Hitler besiegen« einen provokanten Vergleich: Das heutige Israel, schreibt der Mittfünfziger, weise bedrückende Parallelen zum Deutschland der Weimarer Zeit auf – es sei ein »militaristisches, fremdenfeindliches Land, besessen vom Trauma des Holocaust«. Alfred Grosser, Politologe und Publizist mit Wohnsitz Paris und Mitte achtzig, bezichtigt in seinem Buch »Von Auschwitz nach Jerusalem« die deutsche Politik der Duckmäuserei gegenüber Israel: »Deutschland könnte sehr leicht Druck ausüben, indem es etwa die Finanzierung israelischer U-Boote in Frage stellt ... Die nationalsozialistische Ideologie war nicht nur antisemitisch, sie war insgesamt rassenverachtend. Warum macht man sich also nicht dafür stark, dass die Würde der Menschen für alle gilt – ob Jude oder Palästinenser? Wer das nicht tut, ist dem Anti-Nazismus nicht treu.« Grossers meinungsstarkes Buch bleibt allerdings wie so viele andere ein eher trockenes Kompendium, eine sich weitgehend im Theoretischen erschöpfende Meinungsäußerung. Und es nimmt nicht Stellung zu Meldungen, die uns Anfang 2010 erreichen: Danach haben sich in Folge des Gaza-Krieges weltweit die antisemitischen Vorfälle gemehrt – nach einem Bericht der Jewish Agency waren es mehr als in jedem anderen Jahr seit dem Zweiten Weltkrieg. Aber die Maßstäbe verrutschten erschreckend auf allen Seiten. So nannte der bekannte amerikanische neokonservative Publizist Norman Podhoretz den US-Präsidenten Barack Obama einen »schwarzen Antisemiten«.

Eher durch Zufall entstanden ist ein Briefwechsel zwischen Erich Follath und Henryk M. Broder, zweier SPIEGEL-Autoren, die beide aus eigenem Erleben viel von dem Thema verstehen – und diametral unterschiedlicher Meinung sind. Der Briefwechsel ist keine Streitschrift, die von den Autoren zur Veröffentlichung gedacht war, er hat alle Kennzeichen einer privaten Auseinandersetzung und Standortbestimmung; vielleicht hat er gerade deshalb die Kraft, die Diskussion entscheidend zu beleben und die Fronten abzustecken.

Beide Autoren sind nicht nur Israel-Kenner, sondern wurden für ihre journalistische Arbeit insgesamt mehrfach ausgezeichnet: Follath wurde im Jahr 1998 vom renommierten German Marshall Fund zum Woodrow Wilson Fellow ernannt und ausgewählt, um an ausgesuchten amerikanischen Universitäten Gastvorträge zu halten. Er bekam in Moskau, von dort ansässigen Journalisten gewählt, im Jahr 2007 den von der Deutschen Industrie- und Handelskammer ausgeschriebenen Preis für die beste Reportage über die russische Wirtschaft. Ende 2009 wählten ihn 60 Verleger, Publizisten und Kollegen im Auftrag des journalistischen Fachorgans »Medium Magazins« zu einem der drei deutschen »Reporter des Jahres«. Broder erhielt einige der wichtigsten Auszeichnungen, die hierzulande an Journalisten und Schriftsteller vergeben werden: den Ludwig-Börne-Preis in der Frankfurter Paulskirche 2007 und 2008 den Hildegard-von-Bingen-Preis für Publizistik. Zusammen mit Dirk Maxeiner und Michael Miersch tritt er im Internet als die »Achse des Guten« auf, eine Hardcore-Plattform für die Verteidigung bürgerlicher Freiheiten und gegen Appeasement und vorauseilende Kapitulation.

»Zwei alternde Reporter, die zu großer Form auflaufen«, schrieb ein Kollege, als ihre Auseinandersetzung über deutsche Israel-Kritik in Auszügen im SPIEGEL in SPIEGEL ONLINE erschienen war.

Erich Follath, Jahrgang 1949, in Esslingen geborener Sohn ungarndeutscher Flüchtlinge, ist als 18-Jähriger zum ersten Mal nach Israel gereist. Er hat dort sechs Wochen als Freiwilliger in einem Kibbutz bei Haifa gearbeitet – wie ihm bei seinem Abschied ein älterer Israeli erzählte, als erster Deutscher: Die Kibbutz-Bewohner, unter denen es einige KZ-Überlebende gab, hatten sich vor seiner Ankunft bei einer Abstimmung knapp dafür entschieden, einen Studenten aus dem Land zu empfangen, in dem ihnen so viel Leid zugefügt worden war. Follath blieb Israel auch als Journalist besonders verbunden: Mehrmals jedes Jahr hat er nach 1968 den Judenstaat bereist, 1980 ein vielbeachtetes Buch über den Geheimdienst Mossad geschrieben (»Das Auge Davids. Israels geheime Kommandounternehmen«) und sehr viele wichtige israelische Politiker interviewt: die Staatspräsidenten Chaim Herzog, Ezer Weizman und Schimon Peres, die Premierminister Jitzchak Schamir, Jitzchak Rabin, Ehud Barak und Benjamin Netanjahu. Mit dem linksliberalen Publizisten Uri Avnery ist Follath 1982 nach Tunis geflogen, traf den damals dort residierenden PLO-Chef Jassir Arafat und hat ihn gemeinsam mit Avnery eine halbe Nacht lang interviewt – für den Israeli war das Treffen damals ein strafbarer Akt: Israels Regierung verbot den »Feindkontakt«.

Immer wieder ging es bei Follaths Gesprächen mit den führenden israelischen Politikern um den Holocaust und die Lehren für die Geschichte, um den Umgang der Deutschen mit ihrer Vergangenheit – und ihr Verhältnis zu Israel. Menachem Begin, der einen Großteil seiner Familie in der Shoah verloren hatte, mochte keinem deutschen Journalisten ein Interview geben, mit Follath spielte er auf dem langen Flug nach Camp David immerhin stundenlang Schach – und schenkte ihm nachher das Schachbrett mit seinem Namenszug: »Lost twice – Menachem Begin«. Das gerahmte Brett mit dem Verlust-Geständnis des israelischen Premiers hängt heute noch in dem Büro des Journalisten. Dem damaligen Verteidigungsminister Ezer Weizman, der in Niedersachsen seine Ausbildung als Kampfpilot vervollständigt hatte und später als Präsident im Bundestag von der Pflicht jedes Juden auf eine Heimkehr nach Israel sprach, brachte er mehrfach den Schnaps mit, den Weizman dort liebgewonnen hatte: einen Hochprozentigen mit dem Namen »Ratzeputz«.

Auch bei den SPIEGEL-Gesprächen mit dem syrischen Präsidenten Baschar al-Assad und seinem iranischen Amtskollegen Mahmud Ahmadinedschad in den letzten Monaten hat sich Follath intensiv mit der Nahostproblematik und dem »Umgang« mit Israel beschäftigt. In seinem Sachbuch »Die letzten Diktatoren« (1993) porträtierte er die Nahost-Herrscher Muammar al-Gaddafi und Saddam Hussein; »Das Vermächtnis des Dalai Lama« (2007), eine kritisch würdigende Biografie des tibetischen Friedensnobelpreisträgers, wurde zum Bestseller. Sein jüngstes Buch widmete er Kambodscha; es handelt auch von einem Völkermord und seinen schmerzlichen Folgen: »Die Kinder der Killing Fields« (2009).

Follath ist erst vor wenigen Wochen wieder von einer Israel-Reportage zurückgekehrt – ein Land, zu dem er eine besondere Nähe empfindet. »Das macht ja die notwendige Kritik an den Irrwegen der Politik einschließlich der schweren Menschenrechtsverletzungen durch die Israelis gelegentlich so schmerzvoll«, sagt er.

Henryk M. Broder, 1946 im polnischen Kattowitz geboren, schreibt über sein jüdisches Elternhaus: »Um ein Haar wäre auch ich ein Terrorist geworden. Alle Voraussetzungen waren gegeben. Meine Eltern hatten beide unter abenteuerlichen Umständen den Krieg überlebt, fielen sich nach der Befreiung in die Arme und setzten mich in die Welt. Sie waren in höchstem Maße traumatisiert und ich diente ihnen als Beweis, dass es ein Leben nach dem Überleben geben konnte. Entsprechend waren ihre Erwartungen, die ich nicht erfüllen konnte. Wollte ich keinen Spinat essen, bekam ich zu hören: ›Was hätten wir dafür gegeben, wenn es im Lager Gemüse gegeben hätte.‹ Weigerte ich mich, mir die Haare schneiden zu lassen, erzählten sie, wie wichtig die Hygiene im Lager war und dass eine einzige Kopflaus den Tod bedeuten konnte. Kam ich nach Mitternacht nach Hause, war eine Geschichte über das Ghetto fällig. Ging ich mit falschen Bräuten aus – richtige gab es nicht, weil alle deutschen Väter in der SS gedient hatten – schrien sie mich an: ›Und dafür haben wir überlebt?‹«

Broder gilt seit den Siebzigerjahren als einer der profiliertesten und streitbarsten deutschen Autoren. Schon frühzeitig brach er mit der deutschen Linken, der er einen blinden Antiamerikanismus und Antizionismus vorwarf. Sein Buch »Der ewige Antisemit« (1986), in dem er seine Analysen nicht auf den extremistischen Rand der Gesellschaft, sondern auf ihre bürgerliche Mitte konzentrierte, löste heftige Reaktionen aus. Spätere Werke wie die »Irren von Zion« (1998) und »Kein Krieg – nirgends. Die Deutschen und der Terror« (2002) polarisierten die Öffentlichkeit weiter.

Mit seinem Buch »Hurra, wir kapitulieren«, in dem er Europa eine Appeasementpolitik gegenüber den Islamisten vorwarf, wurde 2006 zu einem Bestseller. Danach erschien »Kritik der reinen Toleranz« (2008). Und wieder spaltete der Autor mit seiner geschliffenen, polemischen Argumentation die deutsche Öffentlichkeit in begeisterte Fans und befremdete Kritiker.

Broder trat im vergangenen Jahr bei einer öffentlichen Anhörung des Deutschen Bundestages zum Thema »Kampf gegen den Antisemitismus« als Experte auf.

Von manchen angefeindet und kritisiert, erntete Broder wegen seiner ungeschminkter Angriffe und seiner kämpferischen Standfestigkeit auch großes Lob. Gemeinsam mit zwei Kollegen hat Broder einen Internet-Blog gegründet: »Die Achse des Guten« geht mit Israel-Kritikern und »blauäugigen Islam-Verstehern« hart ins Gericht und gehört inzwischen zu den meistbesuchten deutschen Websites.

Anfang der 80er siedelte er nach Jerusalem um, blieb dort fast ein Jahrzehnt (»Das war die beste Zeit meines Lebens«), dann zog es ihn ins vereinigte Deutschland zurück; er reist aber nach wie vor regelmäßig ins Heilige Land, um Reportagen zu schreiben und alte Freunde zu besuchen.

Am 8. Dezember 2005 machte der iranische Präsident Mahmud Ahmadinedschad einen Vorschlag, wie der Nahost-Konflikt gelöst werden könnte: Deutschland und Österreich sollten »eine, zwei oder egal wie viele ihrer Provinzen« zur Verfügung stellen, um den jüdischen Staat dort zu errichten, wo einst die »Judenfrage« gestellt wurde. Damit wäre »das Problem an der Wurzel« gepackt. »Ihr habt sie (die Juden) unterdrückt, also gebt dem zionistischen Regime einen Teil Europas, damit sie dort die Regierung einsetzen, die sie wollen.« Am 9. Dezember erschien auf SPIEGEL online ein Text von Henryk M. Broder, der den Vorschlag des iranischen Präsidenten aufgriff und ins Satirische steigerte: »Ahmadinedschads Überlegung mag zu kurz greifen, aber im Prinzip ist sie richtig ... Wenn es so etwas wie eine historische Gerechtigkeit in dieser Welt geben würde, wäre der jüdische Staat in Schleswig-Holstein oder in Bayern errichtet worden, nicht in Palästina.« Entsprechend lautete die Überschrift des Artikels: »Gebt den Juden Schleswig-Holstein!« Die Autoren dieses Buches sind sich ausnahmsweise einig: Die Idee mag abenteuerlich sein, aber sie bringt den Inhalt der von Broder und Follath geführten Kontroverse auf den Punkt.

Follath und Broder kennen und schätzen sich, sie sehen sich öfter in der SPIEGEL-Redaktion, begegnen sich bei den Buchmessen in Frankfurt oder Leipzig, und schon auch mal zufällig auf den Straßen von Tel Aviv. Zuletzt haben sie gemeinsam zu dem im Herbst 2009 bei DVA erschienenen SPIEGEL-Buch »Jerusalem« beigetragen – Follath schrieb in dem von Annette Großbongardt und Dietmar Pieper herausgegebenen Sammelband unter anderem über seine beiden Lieblingshotels in der heiligen Stadt, das »jüdische« King David und das »palästinensische« American Colony: »Beide trennen kaum zwei Kilometer – und doch Welten.« Broder schilderte den »Rummelplatz der Religionen«, an dem auch Atheisten ihre Freude haben könnten, und zitiert seinen alten Freund Gad Granach: »Würde man die Stadt überdachen, wäre sie eine geschlossene Anstalt.«

Das alles hindert die beiden Autoren jetzt aber nicht daran, in ihrem E-Mail-Briefverkehr völlig unterschiedliche Positionen einzunehmen: Es ist ein kontroverser, scharfzüngiger, mal lustiger, mal traurig-bitterer, auch Grenzen überschreitender Meinungsaustausch, bei dem sich die Kontrahenten nichts schenken – sie fetzen sich mit unbändigem Engagement und jenseits aller »Ausgewogenheit«. Es gibt ohne Zweifel andere, konventionellere, »sichere« Möglichkeiten, sich diesem Thema zu nähern. Aber vielleicht wird so am deutlichsten, worum es geht. Die SPIEGEL-Chefredaktion hat sich im November 2009 dazu entschlossen, diesen Briefwechsel in stark gekürzter Form, aber unredigiert und unkommentiert, zu veröffentlichen.

Die Reaktionen auf die Publikation waren überwältigend: Innerhalb weniger Stunden hatte der Beitrag mehr als 100 000 Klicks im Internet, gehörte 48 Stunden lang zu den Top-Drei-Themen im umkämpften Nachrichtenmarkt. Hunderte Online-Leser diskutierten die Thesen zur deutschen Israelkritik und ihren Wurzeln – engagiert und amüsiert, gelegentlich auch bitter und bissig und mit einer befremdlichen persönlichen Schärfe: eine würdige Weiterentwicklung des Autoren-Streitgesprächs.

Offensichtlich haben Broder und Follath einen Nerv getroffen. Deshalb dieses Buch, indem erstmals ausführlich die Vorgeschichte des Streits mitsamt dem ungekürzten Briefwechsel dokumentiert wird. Jeweils zwei dokumentarische Texte von Broder und Follath, die den Autoren wichtig sind, runden das Streitgespräch ab. In Auszügen werden dann noch einige Stellungnahmen von Lesern gedruckt, die auf die SPIEGEL-Publikation eingegangen sind.

I. VORSPIEL

Rede und Widerrede

»Rassisten sind in Berlin nicht willkommen«

Eine fiktive Rede von Frank-Walter Steinmeier an Israels Außenminister Avigdor Lieberman

Von Erich Follath

Schon bei seiner Antrittsrede fuhr Israels Außenminister Avigdor Lieberman schwere Geschütze auf. Im Mai 2009 empfing der damalige Außenminister Frank-Walter Steinmeier den Ultranationalisten. SPIEGEL-Redakteur Erich Follath hatte aus diesem Anlass eine Ansprache formuliert, die der Bundesaußenminister beim Besuch seines Kollegen unter vier Augen so bestimmt nicht gehalten hat – aber vielleicht hätte halten sollen.

Ich begrüße Sie hiermit nochmals in Berlin, sehr verehrter Herr Außenminister, und bitte glauben Sie es mir: Es ist mehr als ein Gebot der Höflichkeit, Sie hier willkommen zu heißen: Sie sind der höchste Diplomat eines uns befreundeten Staates, mehr noch: eines Staates, mit dem uns aus historischen Gründen immer eine besondere Beziehung verbinden wird und dessen Existenzrecht zu bewahren unsere Staatsräson ist.

Da wir uns jetzt aber nach dem offiziellen Empfang in meinem Amtszimmer befinden, da niemand hier ist, der das, was ich Ihnen mitteilen möchte, hinaustragen und entweder bewusst oder unbewusst aus dem Zusammenhang reißen und zu einer Krise in unseren Beziehungen hochstilisieren könnte, lassen Sie mich es deutlich sagen: Ich halte Ihre politischen Vorstellungen für katastrophal, Ihre kriegshetzerischen Ausbrüche für eine Zumutung, Ihren Umgang mit den Palästinensern für untolerierbar.

Die Art und Weise, wie Sie und Ihr Regierungschef Benjamin Netanjahu sich gegenwärtig positionieren, wird nicht ohne Folgen bleiben. Sie haben gesagt, Sie fühlten sich nicht mehr an den Friedensprozess gebunden, den Ihre Vorgängerregierung in Annapolis mit den Vereinigten Staaten und den arabischen Staaten 2007 beschlossen hat. Europa – und auch die USA unter Präsident Barack Obama – werden Israel dafür (mit)verantwortlich machen, wenn die Situation im Nahen Osten eskaliert.

Sie werden in Sachen iranischer Atombombe das Gegenteil dessen erreichen, was Sie wollen: Niemand wird bereit sein, eine Verschärfung der Sanktionen gegen Teheran auch nur zu erwägen, ohne dass Sie sich zu einer Zwei-Staaten-Regelung mit ihren palästinensischen Nachbarn bekennen, ohne dass Sie endlich den von der Uno, wie von den USA, wie von der EU geforderten Baustopp von Siedlungen auf besetztem Gebiet akzeptieren und umsetzen. Sie können doch nicht im Ernst auf der einen Seite die Vereinten Nationen nutzen und die Einhaltung der schon bisher gegen Teheran beschlossenen Einschränkungen bis ins letzte Detail einfordern, während Sie gleichzeitig kaltblütig alle Uno-Beschlüsse zu Ihrer Siedlungspolitik ignorieren – das wird in der arabischen Welt »israelische Doppelzüngigkeit« genannt, und, so sehr ich mich immer wieder gegen Pauschalurteile gerade dieser Seite Ihnen gegenüber zur Wehr setzte, so klar muss ich sagen: In diesem Punkt teile ich die arabische Position.

Sehr verehrter Herr Lieberman, ich sehe die Empörung in Ihren Augen. Sie gelten als ein sehr gewinnender, charmanter Mann. Aber ich weiß, Sie neigen gelegentlich dazu, Ihren Kritikern unredliche Motive zu unterstellen und glauben, man wolle Sie persönlich diffamieren. Das ist nicht mein Interesse. Manche sagen maliziös, Ihre Vergangenheit als Markthändler in der ehemaligen Sowjetunion, als Türsteher an israelischen Diskotheken qualifiziere Sie nicht gerade für Ihr hohes Amt, und das Ausmaß Ihrer Verführbarkeit zeige sich ja darin, dass Gerichte schon jahrelang gegen Sie wegen Korruptionsverdacht ermittelten.

Zu Ihren Schwierigkeiten mit der Justiz steht mir kein Urteil zu; ich vertraue da dem israelischen Rechtsstaat (so sehr mich allerdings verblüfft, wie schnell Israel über die offensichtlichen Verfehlungen seiner Militärs im Krieg gegen Gaza hinweggegangen und den Verdächtigen »einen Persilschein ausgestellt hat«, um es mit der unverdächtigen Stimme der »Neuen Zürcher Zeitung« zu sagen). Ihre Lebensleistung ringt mir sogar große Achtung ab, Sie haben auf dem zweiten Bildungsweg an der Hebräischen Universität einen Abschluss im Fach Politologie geschafft. Nicht immer sind die gelackten Politiker, die nichts anderes als eine parteiinterne Karriere angestrebt haben, die besten. Auch mein deutscher Amtsvorgänger hat als ehemaliger Taxifahrer eine vergleichbar unkonventionelle Laufbahn hinter sich. Die Qualität eines Politikers zeigt sich meines Erachtens nur darin, was er in seinem Leben dazugelernt hat, wie offen er in seiner Gedankenwelt geblieben oder geworden ist, wie tolerant er sich verhält – und gerade in dieser Beziehung habe ich da mit Ihnen und Ihren Positionen meine Probleme.

Es sind ja keine Jugendsünden, von denen wir reden. Sie haben in den vergangenen Jahren kaum eine denkbare Provokation ausgelassen und dabei immer wieder mit dem Feuer gespielt. Sie haben im Jahr 2002, schon ein Regierungsmitglied, allen Ernstes die Bombardierung des Assuan-Staudamms angeregt, sollte sich Ägypten nicht an den Friedensvertrag mit Israel halten. Als Ihr Premier Ariel Scharon 2003 in Aussicht stellte, 350 palästinensische Häftlinge freizulassen, formulierten Sie den unfassbaren Satz: »Es wäre besser, diese Gefangenen im Toten Meer zu ertränken.« Und so weiter: Sie haben im Jahr 2006 vorgeschlagen, arabische Abgeordnete der Knesset, die Verbindungen zur Hamas oder Hisbollah pflegen, wie »Nazi-Kollaborateure« hinzurichten.

Sie propagierten 2008 im Gaza-Konflikt, Ihre demokratische Heimat Israel solle sich das autokratische Russland zum Vorbild nehmen und ohne Rücksicht auf zivile Verluste den Landstreifen plattmachen. Kernpunkt Ihres Programms ist die Vision von einem rein jüdischen Staat Israel. Sämtliche israelischen Araber – gut eine Million Menschen, 20 Prozent der Bevölkerung – sollten ihre Pässe abgeben und ins Westjordanland oder nach Jordanien »transferiert« werden; sollte überhaupt ein Araber bleiben dürfen, so verlangen Sie von dem einen Treueschwur gegenüber dem jüdischen Staat.

Es tut mir leid, Herr Kollege, aber das grenzt meiner Meinung nach an die unselige südafrikanische Apartheid-Politik. Ihre Weltsicht, Herr Kollege Lieberman, hat die angesehene israelische Zeitung »Haaretz« als »faschistisch« und »rassistisch« bezeichnet. Und ich fürchte, aus gutem Grund.

An sich sind Rassisten in Berlin nicht willkommen, Fanatiker habe ich immer gemieden. Sie empfange ich, weil ich mir immer noch einen Lernprozess erhoffe. Weil es Experten in Ihrem wie in unserem Land gibt, die sagen, man werde an Ihren politischen Taten sehen, dass man Ihre verbalen Ausfälle und Ankündigungen nicht so ernst nehmen dürfte. Und das, obwohl Sie auch gerade erst wieder von »Kriegsvorbereitungen« gesprochen haben und mit den Syrern auf keinen Fall über die Rückgabe der annektierten Golanhöhen sprechen wollen – ja, worüber denn sonst?

Was ist denn bloß los in Israel, dass eine ultranationale Partei wie Ihre Israel Beitenu zur drittstärksten Kraft wird, dass sich ein Großteil der Bevölkerung nicht einmal mehr ansatzweise in das Leid der palästinensischen Zivilbevölkerung hineinversetzen kann? Woher diese Mitleidsmüdigkeit, dieser Zynismus, diese Friedensunfähigkeit, gerade jetzt, da der Nahen Osten durch einen neuen, engagierten amerikanischen Präsidenten aufgemischt wird und sich neue Chancen auftun? Warum wird Israel da zum zusätzlichen Problem für einen Friedensprozess – statt zu seiner Lösung?

Ich weiß, dass meine europäischen Amtskollegen über Ihre Äußerungen ähnlich entsetzt sind wie ich, dass sie einen Händedruck mit Ihnen ebenso als eine Vorleistung, eine Goodwill-

Geste sehen, die schwerfällt. Ich neige im Übrigen sehr dazu, Politiker beim Wort zu nehmen und tue das auch bei Ihnen – genau dies ist es doch, was Sie und Ihre Freunde immer fordern, wenn es um den iranischen Präsidenten Mahmud Ahmadinedschad und dessen unverantwortliche Drohungen geht.

Und nun reden wir politischen Klartext, jenes Tacheles, das Frau Merkel bei ihrer Rede im März 2008 vor der Knesset vermieden hat, bei der sie ja unverständlicherweise – und wie ich meine, aus falsch verstandener Rücksicht – nicht einmal die von der gesamten EU verurteilte israelische Siedlungspolitik kritisieren wollte. Sie werden nur eine Chance haben, Irans Aufstieg zur Atommacht (vielleicht) zu verhindern, wenn es einen »Grand Bargain«, eine Gesamtregelung für die Region, gibt. Wenn Israel schmerzliche Zugeständnisse macht, einen Friedensvertrag mit Syrien schließt und den Golan aufgibt. Wenn Israel den Palästinensern – die sich hoffentlich intern auf einen gemäßigten Kurs einigen, glauben Sie mir, wir im Westen reden hinter geschlossenen Türen mindestens genauso hart mit der arabischen Seite wie mit Ihnen – einen eigenen Staat in lebensfähigen Grenzen zugesteht und alle Siedlungen bis auf einige wenige aufgibt (darunter vielleicht Ihre Westbank-Gemeinde Nokdim, in der Sie zu wohnen belieben).

Sollten Sie sich wirklich von diesem in Annapolis vereinbarten Kurs des Land-für-Frieden entfernen und sich in der Siedlungsfrage nicht bewegen, werden wir innerhalb der EU, mit der Stimme Deutschlands, Maßnahmen gegen Israel einleiten. Am Ende dieses Prozesses könnten auch Sanktionen stehen. Und Sie müssen wissen: Sollte Israel einen Militärschlag gegen iranische Atomanlagen durchführen – es heißt, Sie gehörten zu den Befürwortern eines solchen Wahnsinns – werden Sie nicht nur die islamische Welt, sondern auch Europa gegen sich haben.

Außerdem, machen Sie sich da keine Illusionen: selbst ihren besten und mächtigsten Freund, die USA. Dort dreht sich gerade die öffentliche Meinung. Selbst in der Israel-Lobby wächst die Erkenntnis, dass eine Haltung der Totalverweigerung, wie von Ihnen und Premier Benjamin Netanjahu noch bis vor Kurzem propagiert, langfristig die Existenz Israels mehr gefährden könnte als ein umfassender Kompromiss.

Ich weiß nicht, ob Syriens Präsident Assad friedensbereit ist; ich habe keine Ahnung, ob mit den iranischen Hardlinern ein Deal möglich sein wird – ebenso wie Sie stimmt mich Teherans jahrelanges Tricksen, Tarnen und Täuschen in der Atomfrage skeptisch. Aber ich kann mir nicht vorstellen, dass Sie Ihren Kindern eines Tages sagen wollen: Wir haben nicht alles versucht.

Und nun, verehrter Herr Kollege, gehen wir hinaus aus meinem Amtszimmer und erzählen, was man von uns erwartet: Dass wir es schön fanden, uns kennenzulernen, dass wir ein gutes Gespräch hatten und optimistisch in die nahöstliche Zukunft blicken.

»Wollen Sie über dem King-David-Hotel in Jerusalem die Fahne der Hamas sehen?«

Eine fiktive Entgegnung von Avigdor Lieberman an den deutschen Außenminister Frank-Walter Steinmeier

Von Henryk M. Broder

Sehr geehrter Herr Steinmeier, lieber Kollege,

vielen Dank für Ihre Begrüßungsrede. Glauben Sie mir bitte, ich weiß ein offenes Wort zu schätzen. Auch mir ist eine Grobheit, die vom Herzen kommt, lieber als eine Höflichkeit, die geheuchelt wurde. So habe ich es in meiner alten Heimat Russland gelernt, wo man sich nicht erst betrinken muss, um einander die Wahrheit zu sagen, wie das im Westen üblich ist. Also lassen Sie mich Ihnen mit der gleichen Klarheit antworten.

Sie sagen, Israels Existenzrecht zu bewahren, sei die Staatsräson der Bundesrepublik. Ich habe gehört, es gibt für diese Art von Äußerung in Ihrer Sprache ein eigenes Wort: Lippenbekenntnis. Wenn ich die Nachrichten der letzten Tage richtig verstanden habe, haben Sie mit der Durchsetzung der Staatsräson bereits dann ein Problem, wenn Sie ein gekapertes deutsches Schiff vor der Küste Somalias befreien wollen. Während ein paar deutsche Urlauber in der Lage sind, einen Piratenangriff zurückzuschlagen, erscheint Ihnen der Einsatz einer Spezialtruppe als zu riskant. Wenn wir uns so verhalten würden, würde über dem King-David-Hotel in Jerusalem längst die Fahne der Hamas wehen, während drinnen der deutsche Botschafter in Palästina Vorträge über die besondere deutsche Verantwortung für das palästinensische Volk halten würde, die aus der deutschen Geschichte resultiert.

Aber lassen wir Geschichte Geschichte sein und reden wir über die Gegenwart. Zur deutschen Staatsräson gehört eine Art der Arbeitsteilung, die uns verwirrt. Während Sie sich »aus historischen Gründen« mit uns solidarisieren, pflegt ihre Industrie die besten Handelsbeziehungen mit einem Land, das es sich zur Aufgabe gemacht hat, die Welt vom Zionismus zu befreien, derweil Ihre Intellektuellen darüber räsonieren, ob der Präsident dieses Landes Israel von der Landkarte ausradieren oder nur aus den Analen der Geschichte gelöscht sehen möchte, was für Ihre sensiblen Intellektuellen einen entscheidenden Unterschied ausmacht, für uns aber auf dasselbe hinausläuft.

Sie zitieren mich mal halb richtig, mal halb falsch und zwischendurch ist im Zitat Ihre Interpretation enthalten. Auch bei Ihnen wird in der Politik nichts so heiß gegessen, wie es im Wahlkampf angerührt wurde. Haben Ihre Nahostexperten nicht immer wieder gefordert, Israel sollte sich in der Region integrieren? Nun, wir sind dabei es zu tun, indem wir die Rhetorik unserer Feinde übernehmen. Wenn ich mich nicht an die Beschlüsse von Annapolis gebunden fühle, so hat das einen guten Grund: Annapolis war eine Show, deren Teilnehmer wussten, dass sie an einer Inszenierung ohne jede praktische Bedeutung teilnahmen. Annapolis war ein Spektakel, sonst nichts. Ich habe mehrfach erklärt, dass wir uns an die Road Map gebunden fühlen, und zu der Road Map gehört auch, dass die Palästinenser ihre Terroranschläge gegen Israel einstellen.

Aber lassen wir solche Details. Sie wollen auf etwas anderes hinaus. Sie suchen nach einem Sündenbock für zukünftige Katastrophen. Und Sie haben ihn schon gefunden: Israel. Niemand werde bereit sein, sagen Sie, »eine Verschärfung der Sanktionen gegen Teheran auch nur zu erwägen«, solange wir uns nicht »zu einer Zwei-Staaten-Regelung« mit unseren palästinensischen Nachbarn »bekennen«. Nun, lieber Kollege, seit dem Abkommen von Oslo beziehungsweise Washington haben sich sämtliche Regierungen Israels nicht nur zu einer Zwei-Staaten-

Lösung »bekannt«, sondern auch auf dieses Ziel hingearbeitet. Und je mehr uns die Zwei-Staaten-Lösung als eine vernünftige und machbare Option erschien, umso mehr Gefallen fanden die Palästinenser an einer Ein-Staat-Lösung, in der »Israel« als souveräner jüdischer Staat nicht vorgesehen war.

Ich will Sie nicht wieder mit dem bekannten Argument langweilen, dass unser einseitiger Rückzug aus Gaza nicht zu weniger, sondern zu mehr Terror geführt hat, weil die Hamas nicht die 1967 von Israel »besetzten« Gebiete, sondern ganz Palästina von der zionistischen Herrschaft befreien will, mit tatkräftiger Unterstützung des iranischen Präsidenten, der Europa und die UN seit Jahren als alte Papiertiger vorführt, die immer nur mit Sanktionen drohen, wobei sie nicht die Sanktionen, sondern nur die Drohungen verschärfen. Und nun sollen wir daran schuld sein, wenn es nicht zu einer »Verschärfung der Sanktionen« gegen den Iran kommt. Nachdem Europa bis jetzt de facto nichts unternommen hat, wird es demnächst gar nichts unternehmen. Sie mögen das für einen relevanten Unterschied halten, wir sehen das anders.

Ich finde es schön, dass Sie meine »Vergangenheit als Markthändler in der ehemaligen Sowjetunion, als Türsteher an israelischen Diskotheken« erwähnen. Nun, lieber Kollege, manche Menschen werden als Außenminister geboren, andere müssen es erst werden. Aber legt man nicht gerade in Ihrem Land großen Wert auf Querdenker und Quereinsteiger? Gut, es muss nicht gleich ein gescheiterter Maler sein, der zum Kanzler avanciert, aber ein Markthändler und ein Politiker haben doch viel gemeinsam. Ich bin allerdings noch keinem Politiker begegnet, der in der Lage gewesen wäre, auf einem Markt eine Kiste Tomaten zu verkaufen. Ich will Ihnen nichts unterstellen, aber ich meine, aus Ihren Worten etwas Hochmut gegenüber Markthändlern herauszuhören. Lassen Sie uns noch einmal darüber reden, wenn Sie sich auch in diesem Beruf bewährt haben.

Sie sagen: »An sich sind Rassisten in Berlin nicht willkommen, Fanatiker habe ich immer gemieden.« Bei mir machen

Sie eine Ausnahme, weil Sie sich einen »Lernprozess« erhoffen. Ich mache es ungern, aber es muss sein: An einer von Ihrem Haus geförderten Tagung in Berlin nahm auch der frühere stellvertretende Außenminister des Iran, Mohammad Larijani, teil, bei dieser Gelegenheit rief er zur Annullierung des »zionistischen Projekts« auf, ohne dass ihm irgendjemand widersprach. Auf der Münchener Sicherheitskonferenz saßen Sie neben dem iranischen Parlamentspräsidenten Ali Larijani, der in Ihrem Beisein erklärte: »Für uns ist es eine Ehre, die Hamas zu unterstützen, weil sie so unterdrückt wird.« Wenn ich einem Bericht von SPIEGEL ONLINE vertrauen darf, haben Sie nicht widersprochen, auch nicht als Larijani sagte, es gebe »unterschiedliche Sichtweisen« auf den Holocaust. Zu einem Vortrag des früheren iranischen Präsidenten Mohammad Khatami in Freiburg reiste Ihr Staatssekretär Gernot Erler an, um den Gast zu begrüßen. Khatamis Haltung zu Israel unterscheidet sich von der des jetzigen Präsidenten nur in marginalen Details. Darf ich Ihre Behauptung »Fanatiker habe ich immer gemieden« so verstehen, dass Sie absichtlich in Berlin geblieben sind, um Khatamis Hand nicht schütteln zu müssen?

Sie fragen mich: »Was ist denn bloß los in Israel, dass eine ultranationale Partei wie Ihre Israel Beitenu zur drittstärksten Kraft wird, dass sich ein Großteil der Bevölkerung nicht einmal mehr ansatzweise in das Leid der palästinensischen Zivilbevölkerung hineinversetzen kann? Woher diese Mitleidsmüdigkeit, dieser Zynismus, diese Friedensunfähigkeit …?«

Obwohl es sich vermutlich nur um eine rhetorische Frage handelt, mit der Sie ihre moralische Überlegenheit beweisen wollen, beantworte ich sie gerne: Weil Israel das einzige Land der Welt ist, dessen Existenz seit 60 Jahren Tag für Tag in Frage gestellt wird und weil man von uns Dankbarkeit erwartet, wenn man uns versichert, dass wir ein Recht auf ein Leben in sicheren Grenzen haben, uns aber dafür verurteilt, wenn wir uns gegen Angriffe zur Wehr setzen; weil jede Konzession, auf die wir uns eingelassen haben, unsere Situation nicht verbessert, sondern verschlechtert hat; weil ein Mörder, der unter anderem ein Kind mit einem Gewehrkolben erschlagen hat, den wir nicht zu Tode verurteilt haben, nach seiner Freilassung in den Libanon wie ein Held gefeiert wird; weil ein deutscher Professor, der die Opfer des Olympiaanschlages von 1972 verhöhnt, indem er behauptet, die israelischen Sportler wären »freiwillig« in den Tod gegangen, um der israelischen Sache zu dienen, nur von seiner wissenschaftlichen Freiheit Gebrauch macht und deswegen nicht gemaßregelt werden kann; weil die Hamas mit ihren Gegnern so liebevoll umgeht, dass diese in Israel Zuflucht suchen; weil wir ständig von Leuten belehrt werden, was wir tun und was wir lassen sollten, die ihrerseits mit ein paar randalierenden Autonomen nicht fertig werden; weil man von uns etwas erwartet, das man von keiner anderen Nation erwarten würde, nämlich: unserer Selbstauflösung zuzustimmen, um den Nahostkonflikt nicht eskalieren zu lassen; weil wir als Opfer enorm beliebt sind, als Täter aber mit ganz anderen Maßstäben gemessen werden; weil wir uns anhören müssen, dass in Gaza ein »Holocaust« stattfindet, während wir unseren Holocaust für politische Zwecke »instrumentalisieren und missbrauchen«. Und jetzt kommen Sie daher und fragen in aller Unschuld, woher unsere »Mitleidsmüdigkeit und Friedensunfähigkeit« kommt.

Sie wollten Klartext, Tacheles, reden. Also lassen Sie mich Ihnen sagen, was ich von Ihrem Geraune (»Wir im Westen reden hinter geschlossenen Türen mindestens genauso hart mit der arabischen Seite wie mit Ihnen«) halte: Nichts. Wie hart Sie mit der arabischen Seite reden, kann man jederzeit erleben, wenn Sie ein paar Geiseln aus arabischer Gefangenschaft befreien. Es ist noch nicht lange her, da haben Sie, verehrter, erfahrener Herr Kollege, nach dem Ableben einer deutschen Geisel erklärt, der Mann sei nicht eines gewaltsamen Todes gestorben, sondern den »Strapazen der Geiselhaft« erlegen. Das nenn ich hart aber fair!

Verraten Sie uns doch mal, worüber Sie mit der arabischen Seite hinter geschlossenen Türen reden. Vom Ergebnis der Gespräche her zu urteilen, könnte man vermuten, dass Sie sich eher übers Golfen als über Geopolitik unterhalten. »Teherans jahrelanges Tricksen, Tarnen und Täuschen in der Atomfrage«, sagen Sie, mache Sie »skeptisch«. Dann bitten Sie doch Ihren Freund und Förderer Schröder, er möge bei seinem nächsten privaten Besuch in Teheran nachfragen, was das Tricksen, Tarnen und Täuschen soll. Warum aber sollen wir uns in einem »Trial and Error«-Versuch auf ein Risiko einlassen, dessen Folgen wir tragen müssten, während Sie, lieber Kollege, im Berliner Außenamt oder im Kanzleramt sitzen und wieder einen »Grand Bargain«, eine neue »Gesamtregelung für die Region« fordern, ohne zu wissen, »ob mit den iranischen Hardlinern ein Deal möglich sein wird«. Wir können dabei unseren Kopf verlieren, Sie nur Ihren jeweiligen Hut.

Und nun gehen wir hinaus und sagen der Presse, die auf uns wartet, was wir vereinbart haben. Dass Sie mit der Hamas und der Hisbollah über eine Anerkennung Israels verhandeln werden, während wir den Schutz deutscher Schiffe im Golf von Aden übernehmen. Wer zuerst mit seiner Aufgabe fertig ist, gibt eine Runde Falafel aus.

Yallah, Habibi!

»Das Duell der Auserwählten: Die ungleichen Zwillinge Netanjahu und Ahmadinedschad«

Ein Essay über die iranisch-israelische Auseinandersetzung

Von Erich Follath

Ungleichere Zwillinge hat es nie mehr gegeben, seit Muskelprotz Arnold Schwarzenegger und Giftzwerg Danny DeVito in Hollywood »Twins« spielten: der eine, der Israeli, großgewachsen und bullig und häufig in maßgeschneiderten Anzügen, ein Rhetoriker von Gnaden und militanter Anti-Iraner; der andere, der Perser, kleingewachsen und schmächtig und fast immer in einer unscheinbaren Kaufhaus-Windjacke, ein eher unbeholfener Volkstribun und hetzerischer Israel-Hasser. Unterschiedliche Charaktere, bei Gott. Aber Zwillinge im Geiste sind sie, dieser Benjamin Netanjahu, 59, und dieser Mahmud Ahmadinedschad, 52, und das festzustellen, heißt keineswegs, sie moralisch gleichzusetzen. Beide gefangen in der Absolutheit ihres Anspruchs; beide besessen von ihrer höheren Berufung; beide überzeugt von einer messianischen Mission – zu »Ehren« einer Religion, zur »Rettung« eines Volkes.

Vieles spricht dafür, dass die kommenden Atomverhandlungen zwischen Washington und Teheran, wenn sie denn irgendwann in den nächsten Monaten mit einem Noch-Präsidenten Ahmadinedschad beginnen sollten, in einer Sackgasse enden. US-Präsident Barack Obama wird 2010 auf schärfere Sanktionen gegen Teheran drängen und mit Mühe auch die Russen und Chinesen darauf einschwören; die iranische Führung wird das als aggressiven Akt sehen und dürfte die Urananreicherung so beschleunigen, dass sie nur noch wenige Monate von der Möglichkeit eines Atombomben-Baus entfernt wäre. An irgendeinem Punkt im Jahr 2010 könnte es dann so weit sein, dass die Israelis – auch ohne Einwilligung Washingtons – mit Angriffen gegen iranische Nuklearanlagen beginnen. Und der gesamte Nahe Osten könnte Tausende Tote zu beklagen haben, die Folgen für die Weltwirtschaft wären verheerend.

Wer verstehen will, was Irans Präsident und Israels Premier umtreibt, welche Überzeugungen ihre Politik leiten, muss sich auf tiefreligiöse Konzepte einlassen, die Ahmadinedschad wie Netanjahu prägen und die sie fast zwangsweise aufeinanderprallen lassen: das islamische »Hakkani«, das jüdische »Amalek«. Und um zu begreifen, warum die Expresszüge von Teheran und Jerusalem mit ihren Cockpit-Chefs Ahmadinedschad und Netanjahu so bedrohlich Kurs auf einen Crash genommen haben, hilft es auch ein wenig, die Akteure aus eigenem Erleben zu kennen und das Umfeld der Mächtigen bei zahlreichen Reisen nach Iran und Israel in den vergangenen dreieinhalb Jahrzehnten recherchiert zu haben. Aus Puzzleteilen entsteht so ein Bild. Kein allumfassendes, alles erklärendes, aber immerhin ein Bild, das auf konkreter Spurensuche und Annäherung beruht.

Rückblende. Ende der achtziger Jahre, zu Gast in Irans heiliger Stadt Ghom. Mein erster Besuch in der Islamischen Republik, nach den letzten Reisen zu Zeiten des Schahs und Reportagen über seinen Sturz. »Wollen Sie Ajatollah Mohammed Mesbah Jasdi kennenlernen, Chef der Bildungsabteilung im Rah-i-Hakk-Institut?«, fragt mein Führer. Noch ein heiliger Mann, nach dem halben Dutzend Korangelehrter, mit denen ich an diesem Tag ermüdende Gespräche geführt habe. Heiß ist es und staubig in der Stadt, in der Fatima, die Nachfahrin des Propheten, in einer mächtigen Moschee begraben liegt. Aber dann erzählt mein Führer, dass Mesbah Jasdi einer der brillantesten und einflussreichsten Denker von Ghom sein soll und dazu noch ein enger Schüler des Revolutionsführers Ajatollah Ruhollah Chomeini.

Mesbah Jasdi gibt sich beim Interview als weltoffen und outet sich als Computerfreak, doch ideologisch ist er ein ultrakonservativer Hardliner, ein Theoretiker der Radikalen, dessen Eiseskälte das permanent spöttische Lächeln nicht verdecken kann. Er propagiert ganz offen Selbstmordattentate, fordert die Vollstreckung des Mordaufrufs gegen den Schriftsteller Salman Rushdie, verlangt »das Blut jedes Menschen, der den Islam beleidigt«. Und er hält »die Zionisten« für das Grundübel der Erde.

Jahrelang bleibt der Scharfmacher im Hintergrund, zieht nur in der fundamentalistischen Hakkani-Bewegung die Fäden, in deren Umfeld er einen ebenso ehrgeizigen wie tiefgläubigen jungen Mann fördert. Im Jahr 2005 ruft Mesbah Jasdi dann die Gemeinde zur Wahl seines Schülers Ahmadinedschad auf, ein ungewöhnlicher Vorgang in der Welt der Ajatollahs, die sich aus den Niederungen der Alltagspolitik gewöhnlich heraushalten und personelle Präferenzen verschweigen. Seitdem gilt der Ultra, der sich zum unfehlbaren Glaubensinterpreten stilisiert, als Ahmadinedschads ideologischer und geistiger Mentor.

Irans Präsident war in seiner Jugend als Sohn eines Schlossers eher islamisch-sozialrevolutionären Theorien zugeneigt: Ali Schariati, der in Frankreich ausgebildete iranische Philosoph, der den Marxismus mit einer religiösen antikolonialen Gedankenlehre verband, beeinflusste Ahmadinedschad in dessen frühen Jahren. Aber dann lernte er mit Mitte zwanzig Mesbah Jasdi kennen und verfiel dem mystischen Fundamentalismus. Schon längst bekennt er sich nun wie sein Vorbild zur selben ultrareligiösen Schule des Schiitentums – in ihrem religiösen Fieber erinnert diese Hakkani-Gruppierung an die zelotischen Glaubenseiferer einer anderen Religion, die Wiedergeborenen Christen (zu denen sich auch George W. Bush zählt).

Die »Mahdisten« um Mesbah Jasdi und Ahmadinedschad glauben, dass ihr zwölfter Imam im 9. Jahrhundert vom Erdboden verschwunden ist, weil ihn Allah der Allmächtige aus dem Verkehr zog, um die Menschen auf die Probe zu stellen.

Dieser Mahdi aber wird nach ihrer Auffassung wieder auf die Welt zurückkehren, ebenso wie Jesus, der allen Muslimen als bedeutender Vor-Prophet zum Siegel aller Propheten, zu Mohammed, gilt. Er wird ein Paradies schaffen für die Gläubigen, die Verdammnis bringen für die Frevler. Und er wird das erst tun, wenn die Welt durch eine Katharsis gegangen ist, durch einen alles durcheinanderwirbelnden, riesigen, reinigenden Umsturz.

Einen Krieg zwischen Muslimen und Andersgläubigen vielleicht? Womöglich einen Atomkrieg? Und wollen nicht manche der Apokalyptiker der Hakkani-Schule diesen Weltenwandel provozieren, um das möglichst baldige Erscheinen des Mahdi zu erreichen? Ahmadinedschad – Ahmadi-Dschihad?

April 2009, Regierungspalast in Teheran, Interviewtermin mit Präsident Ahmadinedschad (gemeinsam mit den SPIEGEL-Kollegen Dieter Bednarz und Georg Mascolo). Der Beginn unseres Gesprächs verzögert sich, Gelegenheit, sich in dem Gebäude umzusehen. Im Vorzimmer seines Sitzungsraums hat Ahmadinedschad in Vitrinen Gastgeschenke ausstellen lassen, offensichtlich nur die Präsente der ihm wichtigsten Teheran-Besucher, ein Dutzend sind es. Besonders prominent ist ein hässlicher Silberteller präsentiert: eine Gabe der »amerikanischen Antizionisten-Vereinigung«, überreicht anlässlich der »Holocaust-Konferenz«, bei der Ahmadinedschad vor drei Jahren von »Wissenschaftlern« seiner Couleur die Shoah, den millionenfachen Mord an Juden unter den Nazis, anzweifeln ließ. Und hinterher, und immer wieder, forderte Irans Präsident öffentlich, das Zionisten-Regime müsse verschwinden.

Bei großen Kundgebungen und bei seinen wenigen Pressekonferenzen wie jetzt Anfang 2009 wirkt Ahmadinedschad wie ein Demagoge, ein verbissener, missverstandener Krieger, der gegen die westliche Welt mit ihren moralischen Übeln wie dem »Werben um Homosexuellen-Stimmen« um sich schlägt; bei unserem Zweistundengespräch zeigt er sich eher locker, konzentriert, aber stets lauernd, ein Fuchs in Deckung, einer, der auf jede Frage ganz schnell eine Gegenfrage hat. Und sich sehr wohl bewusst ist, dass er einer internationalen, nicht einer heimischen Zuhörerschaft predigt.

Diskussionen um die Nuklearfrage erklärt er für »beendet«, wo sie doch international, jedenfalls unter Teilnahme der USA, noch gar nicht begonnen haben. Dass Iran seine mit der Unterzeichnung des Atomwaffensperrvertrags eingegangenen Verpflichtungen eklatant verletzt hat, leugnet er einfach. Kernwaffen will er angeblich nicht; aber zumindest zwischen den Zeilen eines extrem kontrovers geführten Gesprächs (das Ahmadinedschads Freunde, oder vielleicht auch seine Feinde, in der iranischen Presse im Wortlaut abdrucken) wird klar, dass er Iran als virtuelle Atommacht, als eine der führenden Nationen der Welt gewürdigt sehen will. Unter diesen Vorzeichen – und zu seinen Bedingungen – will er gern mit US-Präsident Obama und dem Rest der Welt verhandeln.

Ahmadinedschad kann im persönlichen Gespräch höflich, ja charmant sein und weiß durchaus nüchtern seinen Standpunkt einer westlichen Umklammerung Irans darzustellen. Aber er hat auch eine andere, mystische Seite. Er fühlt sich als Berufener. Ein Licht habe ihn umgeben, als er vor der Uno-Vollversammlung in New York sprach, behauptete Ahmadinedschad im Gespräch mit iranischen Parlamentariern; das Licht habe die Führer anderer Nationen im Saal während seines Auftritts zum Verstummen gebracht. Dieses besondere spirituelle Band, das der Präsident mit dem Mahdi durch solche Äußerungen für sich beansprucht, macht ihn auch führenden Klerikern in Ghom suspekt. Die Hakkani-Schule erfreute sich beim Revolutionsführer und Gottesstaat-Gründer Chomeini keiner besonderen Hochachtung, er dachte wohl sogar über ein Verbot nach; auch seinem Nachfolger Chamenei sollen die Hakkinisten in ihrer Radikalität durchaus suspekt sein.

Im Umfeld Ahmadinedschads ist zu erfahren, dass er sich nach wie vor jede Woche zum ideologischen Tête-à-tête mit seinem Mentor trifft. Warum eigentlich wird dieser seltsame Heilige in Entscheidungen einbezogen und in wessen Auftrag handelt der »Berater« des Präsidenten, haben sogar schon Abgeordnete im Parlament gefragt. Ajatollah Mesbah Jasdi, 74, wurde zwischenzeitlich zum Direktor des Imam-Chomeini-Instituts für Erziehung und Islamische Studien in Ghom. Der Radikale hat bei der – offensichtlich nicht manipulierten – Wahl zum Expertenrat im Dezember 2006 eine empfindliche Schlappe einstecken müssen und ist gemäßigten Reformern um den Ex-Präsidenten Mohammed Chatami, der ihn einen »Theoretiker der Gewalt« genannt hat, unterlegen. Ebenso klar unterlegen wie den im System Etablierten um den Multimillionär Hashemi Rafsandschani. Anschließend schnappte Mesbah Jasdi, Spitzname »Krokodil«, gegen alle Andersdenkenden zu. Er will das Land nun von allen reformerischen Strömungen reinigen. Anhänger des Reformlagers nennt der Präsidenten-Flüsterer schon mal »einen Haufen Schnaps trinkender Lumpen«.

Der schiitische Islam erlaubt in Zeiten der essentiellen Bedrohung ausdrücklich »Takija«, die Lüge zum höheren Wohl der Gemeinschaft – ein modern interpretiertes Konzept aus der Frühzeit des Islam, da sich die Schia mit allen Mitteln gegen eine aggressive sunnitische Mehrheit behaupten musste. Mesbah Jasdi: der Vater der kreativen Stimmauszählung?

Es gibt einen Ort, an dem nach der festen Auffassung der fundamentalistischen Hakkinisten der Mahdi seine weltliche Wiederkehr feiern wird: Dschamkaran bei Ghom. An diesem Ort hat der Präsident die örtliche Moschee mit Millionengeldern vergrößern und verschönern lassen; zu dem Heiligtum, in das Ahmadinedschad häufig pilgert, soll bald auch eine aufwendige neue Bahnstrecke aus Teheran führen. Dschamkaran, wo zahlreiche Pilger nach Geschlechtern getrennt in zwei heilige Brunnen ihre Wunschzettel werfen, strahlt derzeit nichts von einer apokalyptischen Vision aus. Dschamkaran wirkt so gar nicht düster oder bedrohlich, sondern wie ein friedlicher, lebhafter, zum Picknick einladender Wallfahrtsort, ein bisschen christliches Lourdes, ein wenig jüdische Klagemauer.

Ahmadinedschad, der Holocaust-Leugner und Israel-Hasser, hat immer wieder versichert, er wolle das »Zionisten-Gebilde« nicht militärisch angreifen; eher metaphysisch müsse man sich seinen Wunsch nach Israels Verschwinden von der Landkarte vorstellen, sagen seine Verteidiger. Landeskenner wie die Kölner Islamwissenschaftlerin Katajun Amirpur verweisen auf semantische Feinheiten: Nicht vom »Ausradieren« Israels habe der Präsident gesprochen, sondern gesagt: »Dieses (israelische) Besatzer-Regime muss von den Seiten der Geschichte verschwinden.« Doch machen solche Wortdeutungen für Israel einen Unterschied? Für ein Land, das sich trotz seiner militärischen Macht immer existenziell bedroht zu fühlen scheint und von einem alles überstrahlenden Grundsatz geprägt wird: Nie wieder eine Shoah. Wie, fragen viele Israelis, sollen sie einem Mann trauen, der sich auserwählt fühlt, seinen Iran mit welchen Mitteln auch immer zur Größe zu führen und seinen extremistischen Glaubenssätzen zu genügen?

Sie nennen ihn »Bibi«, als wäre er mit einer ganzen Nation per Du und würde nie erwachsen. Wenn dieser Bibi alias Benjamin Netanjahu in den vergangenen Monaten über Teheran und seine politische Führung gesprochen hat, wiederholte er wie ein Mantra, das iranische Atomprogramm sei die »größte Bedrohung, mit der sich Israel seit der Staatsgründung 1948 konfrontiert gesehen hat«. Die liberale und stets gut informierte israelische Tageszeitung »Haaretz« schrieb: »Politiker, die in Verbindung mit Netanjahu stehen, sagen, er habe seinen Entschluss zur militärischen Zerstörung der iranischen Nuklearanlagen schon gefasst.« Und zwar unabhängig von der Zustimmung Washingtons.

Was könnte den israelischen Ministerpräsidenten so sicher machen, dass er das Richtige tut – angesichts der potenziell schwerwiegenden Folgen eines solchen Militärschlags von iranischen Raketen auf Tel Aviv bis zur Hisbollah- und Hamas-Terrorwelle, von den Verwerfungen mit der für Israel so überlebenswichtigen Schutzmacht USA ganz abgesehen?

Rückblende. Jerusalem, Vaterhaus Netanjahus, Mitte Juli 1976. Die Familie hat mich (an der Seite meines israelischen Journalisten-Kollegen Shabtai Tal) zu sich nach Hause eingeladen. Die Stimmung ist gedrückt; noch liegt über allem wie ein tiefer Schleier die Trauer um Jonatan Netanjahu. Wenige Tage zuvor hat eine israelische Spezialeinheit in der wohl spektakulärsten Befreiungsaktion der Terrorgeschichte mehr als 90 Geiseln einer von Palästinensern entführten Air-France-Maschine gerettet. Einziges Opfer des Kommando-Unternehmens auf israelischer Seite, getötet vermutlich von einem Querschläger, ist der brillante Kommandant der Einheit – Jonatan, genannt Joni, Bibis Bruder. Er wurde nur 30 Jahre alt.

Für viele Israelis hat er mit der Aktion von Entebbe ein jüdisches Mahnmal an die Wand gezeichnet, wegweisend bis in die heutige Diskussion zur Haltung gegenüber Iran: ein Symbol gegen die Passivität des Erleidens, ein Symbol dafür, das Heft auch in einer scheinbar ausweglosen Situation in die Hand zu nehmen. So etwas wie die Fortschreibung des Aufstands im Warschauer Ghetto.

In einer Situation der persönlichen Trauer wie bei meinem Besuch damals in Jerusalem ist es sicher nicht ungewöhnlich, dass der verlorene Sohn im Zentrum allen Denkens steht. Vater Benzion Netanjahu erzählte liebevoll von Jonis Opferbereitschaft für Israel. Aber auffällig war schon, dass Benjamin und auch Iddo, der Bruder Nummer drei, es nicht ein einziges Mal wagten, das Wort zu ergreifen und auch andächtig schwiegen, als das Familienoberhaupt zu einem großen historischen Exkurs in die jüdische Geschichte ausholte.

Ob Benjamin Netanjahu je eifersüchtig war auf seinen drei Jahre älteren heldenhaften Bruder, ist schwer zu beurteilen; bewundert hat er ihn jedenfalls von frühester Jugend an – und versucht, ihm nachzueifern. Joni trat nach seinem

Militärdienst in die Spezialeinheit Sajeret Matkal ein und wurde Kommandeur der Elitetruppe. Bibi folgte. Joni erhielt wegen seiner Tapferkeit die höchsten Auszeichnungen; Bibi, der dabei war, als eine gekaperte Sabena-Maschine gestürmt wurde, die zweithöchsten. Der Kampf gegen das Böse zur Rettung der Juden, so vorbildhaft verkörpert von dem Märtyrer in der Familie, der »israelischen Legende«, wurde seinem Bruder zum Vermächtnis. Wie zuvor Joni ging auch Bibi nach Amerika und studierte an prestigeträchtigen Universitäten – damals bei der Totenwache für sein Vorbild in unserem Beisein in Jerusalem sprach er bei der Verabschiedung von seinem möglichen Eintritt in die Politik.

Ein zweites prägendes Moment im Leben des israelischen Ministerpräsidenten ist bis heute der Vater, der sein 99. Lebensjahr vollendet hat. Er hatte immer etwas von einem Patriarchen, und was er »anregte«, wurde von den Kindern strikt befolgt. Dazu gehörte die Bereitschaft, sich für den Judenstaat an herausragender Stelle zu opfern; auch Iddo, heute ein Radiologe, leistete wie die anderen beiden seinen Dienst bei der gefährlichen Sondereinheit ab. Für Benjamin hieß es, in die übergroßen Fußspuren Jonatans zu treten und den antijüdischen Terror mindestens genauso beherzt und umfassend zu bekämpfen. Das ideologische Rüstzeug lieferte das Familienoberhaupt.

Benzion Mileikowsky, wie er damals noch hieß, wurde in Warschau als Sohn eines Rabbiners geboren. Gemeinsam mit seinen Eltern wanderte er 1920 ins biblische Land aus. Er lebte im vorwiegend arabischen Jaffa, bevor er nach Jerusalem zog und dort als Student unter dem aus Eigenantrieb angenommenen hebräischen Familiennamen Netanjahu (etwa: »Gottesgeschenk«) für eine Zeitung schrieb, die 1935 von der britischen Mandatsverwaltung wegen »Hetze« verboten wurde. Dann ging der junge Historiker nach Amerika, wo er Sekretär des revisionistischen Zionisten Wladimir Zeev Jabotinsky wurde, eines Mannes, der jeglichen Kompromiss mit den Arabern ablehnte. Auch Vater Netanjahu glaubte an ein Groß-Israel und bekämpfte in Amerika den Teilungsplan vehement, der 1948 zur Gründung des jüdischen Staates führte.

Nach seiner Rückkehr versuchte Benzion Netanjahu, in der israelischen Politik Karriere zu machen, wurde mit seinen Forderungen aber selbst vom rechten Likud-Block Menachem Begins als zu extrem abgelehnt. Fortan widmete er sich seinen Büchern, wurde zum Mitherausgeber der »Encyclopaedia Hebraica« und schrieb ein Werk über die Geschichte der Juden in Spanien. In dem über 1300 Seiten langen Opus, dessen Schlussfolgerungen er seinen Söhnen in stundenlangen familiären Lesungen eingetrichtert hat, argumentiert der Historiker, dass die Pogrome der Spanier gegen die Juden in Zeiten der Inquisition weniger theologisch, denn rassistisch motiviert waren. Dass militanter Antisemitismus immer ein Ausdruck von unmotiviertem Hass ist und es darauf nur eine Antwort geben kann: militante, zur Not auch vorbeugende jüdische Selbstverteidigung.

Mit einigem Recht konnte Vater Netanjahu seine Söhne darauf hinweisen, dass er als einer der wenigen frühzeitig vor dem Holocaust gewarnt hatte. Und er vermittelte ihnen noch mehr: die Überzeugung, dass die Familie zu Besonderem berufen, dass sie auserwählt sei.

Einige Jahre später habe ich Bibi in New York wiedergetroffen; da war er gerade zum israelischen Uno-Botschafter ernannt. Bei unserem nächsten Interview war er schon stellvertretender israelischer Außenminister und sprach verächtlich über »palästinensische Selbsttäuschungen, die werden sich noch wundern, wenn ich an die Macht komme«. 1993 machten ihn die Parteimitglieder zum Likud-Chef, drei Jahre später siegte er in einem Kopf-an-Kopf-Rennen gegen Schimon Peres und wurde israelischer Ministerpräsident, der jüngste aller Zeiten. Er behielt diesen Posten bis 1999. Mit den Amerikanern hatte der Hardliner eine schwierige Beziehung. »Dieser Hurensohn will doch gar nicht verhandeln«, rief Präsident Bill Clinton einmal im Beisein mehrerer Zeugen erbost aus, als Netanjahu gerade mal wieder Obstruktionspolitik betrieb. Und White-House-Sprecher Joe Lockhardt nannte den israelischen Premier in einem Interview »eines der anstößigsten Individuen, an die man geraten kann, einen Lügner und Betrüger«. Doch sosehr Bibi Netanjahu auch aneckte, so störrisch er zu seinen von Vater und Bruder vermittelten Grundsätzen stand, zur weltweiten Terroristenjagd blies und seine Groß-Israel-Pläne verfolgte – er zeigte auch, dass er, wenn es denn gar nicht mehr anders ging, über seinen ideologischen Schatten springen konnte. Er übergab Teile der Stadt Hebron den Palästinensern und legte sich so mit seiner Klientel an.

Im Dezember 2005 feierte Netanjahu sein Comeback als Likud-Chef und führte die Partei Anfang 2009 als Favorit in die Wahlen. Auch dieser Urnengang brachte, ähnlich wie jetzt der iranische, keine klaren Verhältnisse, obwohl er – wie in der einzigen Demokratie des Nahen Ostens zu erwarten – frei und fair verlief. Netanjahus Partei landete nur auf Platz zwei, die Kadima der populären und Verhandlungen mit Arabern aufgeschlossenen Zipi Livni konnte einen Abgeordneten mehr in die Knesset entsenden. Netanjahu war auf eine Koalition mit den Ultrareligiösen angewiesen. Und auf einen Deal mit dem Rechtspopulisten Avigdor Lieberman, den die »Haaretz« einen »Rassisten und Faschisten« nennt. Der dann, wofür sich viele Israelis schämen, im neuen Kabinett Außenminister wurde.

Netanjahu hat seine Wurzeln nicht vergessen. Die beiden Persönlichkeiten, die sein Leben und sein Denken geprägt haben, erwähnt er häufig. Dem Vater hat er ein flammendes Werk zur Bekämpfung des Terrorismus gewidmet, die Briefe des gefallenen Bruders in einem Buch veröffentlicht. Während er in den ersten Monaten der neuen Amtszeit seinem Ruf als Hardliner alle Ehre machte, zeigte er am vergangenen Montag bei seiner außenpolitischen Grundsatzrede unter starkem Druck der Obama-Regierung immerhin Ansätze von Kompromissbereitschaft. Er sprach erstmals von einem »palästinensischen Staat«, wenngleich er die Hürden dafür so hoch setzte, dass es auch gemäßigten Palästinensern schwerfiel, ein tatsächliches Entgegenkommen zu erkennen. Womöglich wird Netanjahu in den nächsten Monaten noch andere Positionen räumen, wird unter Washingtons Ägide auch auf den Ausbau von Siedlungen verzichten, den er derzeit noch gegen alle völkerrechtlichen Verpflichtungen unter dem Euphemismus des »natürlichen Wachstums« vorantreibt. Aber in der Frage der iranischen Atombomben wird Netanjahu aller Voraussicht nach knallhart bleiben. Auf einen Angriff zusteuern. Warum ist da die rote Linie für ihn überschritten? Warum scheint er sich ein Verbleiben seines Gegenspielers Ahmadinedschad im Amt geradezu herbeizusehnen, wie selbst die »FAZ« mit Bezug auf israelische Quellen befremdet konstatiert hat?

Als der amerikanische Autor und Israel-Kenner Jeffrey Goldberg kürzlich bei einem Netanjahu-Vertrauten nachfragte, wie sich diese Fixierung erklären lasse, sagte der nur: »Denken Sie an Amalek.« Das ist der jüdische Begriff, der in unseligem Kontext zur islamischen »Hakkani«-Schule steht – ein spiegelbildliches Begriffspaar, das Krieg bedeuten könnte. Amalek ist im Wortsinn der Name des biblischen Enkels von Esau, der mit seinen Stammeskriegern aus Kanaan die Hebräer auf dem Weg ins Heilige Land Eretz Israel heimtückisch und unprovoziert überfallen hat; Amalek meint im übertragenen Sinn die existenzielle Bedrohung für das Judentum zu allen Zeiten, unter allen Umständen, durch alle Feinde. »Gedenke, was dir Amalek getan. Wie er dich anfiel und deine Nachhut abschlachtete, alle die Schwachen hinter dir, während du müde und ermattet warst und weil er Gott nicht fürchtete«, heißt es in der Thora, Dewarim 25, Fünftes Buch Mose.

Die Auseinandersetzung mit Amalek darf keine jüdische Generation vergessen, denn Amalek verkörpert das Böse, das Zerstörerische, das Schlechte an sich. Das gilt es zu bekämpfen, das ist für einen strenggläubigen Juden »Mizwat Asse«, ein Gebot der Tat – und laut manchen Deutungen der alten

Schriften geht es noch um mehr, nämlich darum, die Urfeinde auszulöschen.

Rabbis wie Bibi Netanjahus Großvater lehrten und lehren bis heute, dass Juden gezwungen sind, die immer wieder in neuen Formen auftauchenden Amalekiter zu bekämpfen: die Truppen Nebukadnezars, die des spanischen Großinquisitors Tomás de Torquemada, die Schergen Adolf Hitlers – und jetzt die Israels Zerstörung beschwörenden Hardliner um ihren Präsidenten Ahmadinedschad. Wer wie Netanjahu Irans Atomprogramm als Amaleks Waffenarsenal sieht, ist nicht nur berechtigt, sondern verpflichtet, es vorbeugend zu zerstören. Denn nach einem möglichen iranischen Nuklear-Erstschlag, so geht das apokalyptische jüdische Gedankengebäude, wird es einen Judenstaat nicht mehr geben. Im Zweifel also gegen den Angeklagten.

Dass Iran, griffe es mit Kernwaffen an, selbstmörderisch handeln und bei einem unweigerlich folgenden Gegenschlag seine Regierung mitsamt Hunderttausenden Unschuldigen auslöschen würde, spielt keine Rolle: Nach Ansicht der Anti-Amalekiter sehnt Ahmadinedschad ja ein solches Inferno geradezu herbei, um in diesem Endzeitszenario dem Mahdi den Weg zu ebnen. Dass Ahmadinedschad »nur« ein Populist ist und mit seinem Nuklearprogramm »nur« taktische Ziele wie die regionale Aufwertung Irans, ein Gleichgewicht mit der Atommacht Israel verfolgen könnte, wird als naiv verworfen.

Ist also ein kommender Krieg schon fast unvermeidlich? Waren es denn in der jüngeren Geschichte Israels nicht immer die Hardliner, die sich zu entscheidenden Kompromissen durchgerungen haben und die, wie Begin oder Scharon oder jetzt möglicherweise Netanjahu, diese ihrem Volk auch vermitteln konnten? Wird nicht möglicherweise auch Ahmadinedschad zurückstecken wollen oder müssen?

Die Lösungen für eine Überwachung des iranischen Atomprogramms liegen auf dem Tisch. Der Westen wird bereit sein müssen, den Iranern grundsätzlich – und strikt international überwacht – das Recht auf Urananreicherung zuzugestehen.

Die Iraner werden akzeptieren müssen, ihr Arsenal auf nur einige Dutzend Zentrifugen für wissenschaftliche Forschung zu begrenzen und ansonsten für ihr ziviles Atomprogramm auf nuklearen Brennstoff aus Drittländern zurückgreifen zu können. Als Ausgleich auf ein solches Einlenken Teherans würde der Westen einem »Grand Bargain« mit uneingeschränktem Handel, wissenschaftlichem Know-how-Transfer und diplomatischer Anerkennung durch Washington zustimmen.

Aber zurzeit stehen die Zeichen eher auf Sturm. Auf Hakkani gegen Amalek. Auf einen Showdown der ungleichen Zwillinge.

»Apokalypse und Äquidistanz: Warum man den Konflikt nicht auf den Clash zweier Egomanen reduzieren darf«

Eine Entgegnung

Von Henryk M. Broder

Erich Follath, ein erfahrener und weit gereister Reporter, hat in der vorletzten Ausgabe des SPIEGEL ein Doppelporträt des iranischen Präsidenten Ahmadinedschad und des israelischen Ministerpräsidenten Netanjahu veröffentlicht. Wie schon der Titel – »Das Duell der Auserwählten« – verspricht, geht es in dem Essay um den Kampf zweier männlicher Alphatiere, die aufeinander zurasen wie Lokomotiven auf einer eingleisigen Strecke.

Natürlich ist es verführerisch, einen Konflikt auf den Clash zweier Egomanen zu reduzieren. Schon Ulrich Wickert hat Osama Bin Laden als ein Spiegelbild von George Bush zu zeichnen versucht, andere Hobbymoralisten wollten den amerikanischen Präsidenten und den al-Qaida-Führer auf eine unbewohnte Insel bringen, um sie dort gegeneinander kämpfen zu lassen und so der Welt einen Krieg zu ersparen.

Der Charme solcher Ideen liegt in ihrer Entrücktheit. Wenn sie zu etwas nutze sind, dann vor allem dazu, ihren Verbreitern das Gefühl zu geben, über den Dingen zu stehen, eine Äquidistanz zu den Objekten ihres Interesses zu wahren. Weder der iranische Präsident noch der israelische Ministerpräsident sind »Auserwählte«. Ahmadinedschad ist die Marionette eines Systems, dessen Machthaber in den Kulissen agieren, Netanjahu hat nach einer Wahl eine Koalition zusammengefügt, die über eine Mehrheit in der Knesset verfügt. Man muss ihn nicht mögen. Aber man kann sich nicht um die Erkenntnis drücken, dass er im Gegensatz zu dem iranischen Präsidenten demokratisch legitimiert ist. Dass beide auf die gleiche Weise atmen, essen und verdauen, reicht nicht aus, um sie auf eine Stufe zu stellen und ihre politische Performance wie einen Auftritt von Karl und Franz Moor aus dem Parkett heraus zu rezensieren.

Genau das aber tut Follath. Seine scheinbare Äquidistanz beruht auf einem Kunstgriff. Er zitiert, er stellt gegenüber. Auf der einen Seite die Verteidiger des iranischen Präsidenten; sie sagen, man müsse sich dessen Wunsch nach einem Verschwinden Israels von der Landkarte »eher metaphysisch« vorstellen. Auf der anderen Seite Israel, das vor lauter Kraft kaum noch laufen kann, von Metaphysik keine Ahnung hat und sich nicht einmal bedroht fühlt, sondern nur »bedroht zu fühlen scheint«. Mit solchen sprachlichen Feinheiten unterlegt, werden Folláths eigene Spekulationen zu Fakten aufgemotzt. Er zitiert eine »stets gut informierte israelische Tageszeitung«, die sich ihrerseits auf Politiker beruft, »die in Verbindung mit Netanjahu stehen« und deswegen sagen, »er habe seinen Entschluss zur militärischen Zerstörung der iranischen Nuklearanlagen schon gefasst«. Das ist Hörensagen vom Hörensagen, nur einen Atemzug vom Kaffeesatzlesen entfernt. Aber es insinuiert, dass Israel den Iran bedroht, während der Iran sich mit metaphysischen Übungen fit hält.

Und während der iranische Präsident die Rückkehr des im 9. Jahrhundert verschwundenen 12. Imam durch einen »reinigenden Umsturz« beschleunigen möchte, gibt sich der israelische Ministerpräsident einer noch skurrileren Marotte hin. »Bibi« ist überzeugt, dass er »Amalek« daran hindern muss, Israel zu überfallen, so wie der »Krieger aus Kanaan« die Hebräer auf dem Weg ins Heilige Land schon einmal überfallen hat. Woher weiß Follath das? Er hat es bei Jeffrey Goldberg, einem »Israel-Kenner«, gelesen, der sich seinerseits »bei einem Netanjahu-Vertrauten« schlaugemacht hat. Diskretion ist auch im Journalismus die halbe Miete.

Außerdem will »Bibi« aus dem Heldenschatten seines Bruders »Joni« treten, der bei der Befreiung der Geiseln von Entebbe ums Leben gekommen ist. Das wiederum ist Follath klar, seit er die Familie Netanjahu vor über 30 Jahren, nur ein paar Tage nach dem Tode von »Joni«, in Jerusalem besucht hat. Diese Erinnerung, angereichert mit ein paar Sätzen aus dem Fünften Buch Mose, reicht Follath, um das gegenwärtige »apokalyptische jüdische Gedankengebäude« zu begreifen. Es basiert auf der Idee, »nach einem möglichen iranischen Nuklear-Erstschlag...« werde es »einen Judenstaat nicht mehr geben«.

Damit schiebt Follath den Psycho-Peter Israel zu, das sich »bedroht zu fühlen scheint«, statt in aller Ruhe abzuwarten, was nach einem möglichen iranischen Nuklear-Erstschlag vom Judenstaat übrigbleiben könnte. Würde ein Nachbar von Follath immer wieder erklären, er sei ein Störenfried, er solle sein Haus räumen und dahin verschwinden, woher er gekommen ist, käme der Kollege nicht auch auf die Idee, die Forderung könnte ernst gemeint sein? Würde er sie »eher metaphysisch« verstehen und sich die Vorfreude auf das nächste Gartenfest nicht vermiesen lassen?

Für das Bagatellisieren und Banalisieren der iranischen Drohgebärden gegenüber Israel gibt es zwei mögliche Erklärungen: »Wir sind ja nicht gemeint.« Oder: »Es trifft keine Unschuldigen.«

Es gibt eine Unzahl von Statements von Ahmadinedschad und aus seinem Umfeld, die sich nicht wegdebattieren lassen. Israel sei ein Geschwür, das aus der Mitte der moslemisch-arabischen Welt entfernt werden müsse, ein Fremdkörper im Fleisch der »Umma«, die Ursache aller Übel. Ahmadinedschads Wunsch nach einer »World without Zionism« ist keine abstrakte Utopie, sondern ein Euphemismus für den nächsten Anlauf zur Entjudung der Welt. Er ist klug genug, sein Ziel zu beschreiben, ohne zu sagen, wer den Job erledigen soll. Nicht zum ersten Mal fehlt das letzte Glied in einer Beweiskette. Auch nach dem Führerbefehl zur letzten Endlösung der Judenfrage wird noch immer gesucht.

II. SCHAUSPIEL

E-Mail for You: Der Briefwechsel

Erster Brief

Lieber Kollege Broder,

zum zweiten Mal innerhalb kurzer Zeit haben Sie auf Ihrer Website einen Kommentar von mir mit einem Gegenkommentar gewürdigt – nach Lieberman / Steinmeier nun Ahmadinedschad / Netanjahu. Das ehrt. Vielen Dank auch für die liebenswürdige Einführung (»ein erfahrener und weit gereister Kollege«). Schade, dass Sie anschließend nicht mehr viel Positives an meinen »verführerischen« Texten finden konnten. Erlauben Sie mir aber doch einige Anmerkungen zu Ihren jüngsten Ausführungen »Apokalypse und Äquidistanz«, die ein paar Dinge zurechtrücken. In guter alter Polemiker-Manier unterstellen Sie mir nämlich Behauptungen, die ich nicht gemacht habe, um diese dann krachend zu widerlegen. Und Sie unterschlagen Differenzierungen, die ich vorgenommen habe, um diese dann mit Vehemenz einzufordern.

Sie beklagen meine »Äquidistanz zu den Objekten« Ahmadinedschad und Netanjahu; schon im ersten Absatz meines Essays heißt es ausdrücklich, Ähnlichkeiten zwischen beiden festzustellen, bedeute »keineswegs, sie moralisch gleichzusetzen«. Sie behaupten weiterhin, ich reduzierte den Nahostkonflikt auf einen »Clash zweier Egomanen«; auch davon ist im Text keine Rede. Sie prangern an, ich hielte den iranischen Präsidenten und den israelischen Premier für »Auserwählte« – ich glaube das keinesfalls, bringe allerdings Belege dafür, dass sie sich womöglich so fühlen. Ich will auch überhaupt nicht irgendetwas an Ahmadinedschads Drohungen »wegdebattieren« oder gar »bagatellisieren« und liefere doch im Essay gerade Belege dafür, wie gefährlich sein Hakkanisches Denken ist. Ich nenne ihn einen »hetzerischen Israel-Hasser und Holocaust-Leugner«. Man muss schon sehr selektiv lesen und verbohrt sein, um das nicht wahrzunehmen.

»Damit schiebt Follath den Psycho-Peter Israel zu«, schlussfolgern Sie am Ende Ihrer Polemik aufs Geratewohl, analog zu Ihrer vorletzten Streitschrift, nach der ich angeblich »Israel zum Sündenbock« für alles mache. Das ist, mit Verlaub, großer Quatsch. Die Politik der jetzigen rechtsgerichteten Jerusalemer Regierung zu kritisieren, bedeutet doch etwas ganz anderes und nützt, denke ich, dem Land mehr als das undifferenzierte Beklatschen jeder Netanjahu-Zumutung. Sie beklagen in Ihrem Text außerdem, dass ich »Haaretz« zitiere, das sei »nur einen Atemzug vom Kaffeesatzlesen entfernt«. Sehen Sie Israels liberale und doch nicht nur in meinen Augen beste Tageszeitung inzwischen wirklich so? Was ist denn bloß mit dem selbstironischen, die jüdischen Rechtsaußen früher kritisch begleitenden Broder passiert, dem Mann, der »Die Irren von Zion« geschrieben hat? Warum, lieber Kollege, verteidigen Sie inzwischen sogar einen Politiker wie den »Faschisten und Rassisten Lieberman« (sorry, schon wieder »Haaretz«), von dem Sie doch auch wissen müssten, dass er eine Schande im israelischen Außenamt ist? Weshalb soll nur Tom Segev sagen dürfen, was wir doch alle empfinden, die wir dieser Tage sehenden Auges durch Israel reisen, nämlich, dass das Land »selbstmörderisch« nach rechts rückt, dass die »Gleichgültigkeit« gegenüber dem Leid der Palästinenser »ständig wächst«, dass von Liebermans Partei »Fremdenhass geschürt« wird?

Mit Ihrer Polemik zu meinen Texten kann ich leben, auch wenn sie mich enttäuscht; eine solche heftige Auseinandersetzung kann sogar erfrischend sein. Was Sie schreiben, verletzt jedenfalls nicht meine Toleranzschwelle. Das tun andere. Wenn Leute im Umfeld Ihres Blogs mich einen »blutrünstigen Schreibtischtäter« oder einen »antisemitischen Schmierfink« nennen und fordern: »Schickt den Bastard in die Hölle« – dann sind die Grenzen deutlich überschritten. Ich weiß, Sie zerren Verleumder gelegentlich vor Gericht. Ich will diese Typen mit einer Beleidigungs- und Unterlassungsklage nicht aufwerten. Da Sie, lieber Kollege, diese Ausfälle mir gegenüber aber vermutlich auch gelesen haben, frage ich mich allerdings, warum Sie zur Abwechslung nicht einmal etwas gegen deren ungeheuerliche Entgleisungen schreiben – es kann Sie doch nicht unberührt lassen, wenn auf Blogs wie Castollux (der mit Broder-Texten wirbt), tw24 und Dr. Moe in der Sprache und auf dem Niveau von Neonazis gegen einen SPIEGEL-Kollegen gehetzt wird.

Apropos Neonazis und Islamisten: Seit ich kürzlich im SPIEGEL belegt habe, dass aller Wahrscheinlichkeit nach die Hisbollah hinter dem Hariri-Attentat steckt, bin ich in den Augen der arabischen Hardliner von al-Manar-TV und Beirut-Presse ein »notorischer Zionist« und »Propagandist der Israelis«. Ja, was denn nun, Zionist oder Antisemit, oder beides (das soll es ja in Kombination geben)? Vielleicht könnten sich die Israel-über-alles-Marktschreier und die Islamismus-Propagandisten mal an einen Tisch setzen und sich wenigstens darüber einigen. Womöglich belegen aber die Keifernden von beiden Seiten, dass wir vom SPIEGEL was richtig machen, dass wir etwas praktizieren, was man unabhängigen, gegenüber allen Seiten kritischen Journalismus nennen könnte. Übrigens: Die israelische Botschaft in Berlin teilt mir gerade schriftlich mit, sie würde – wohl in Folge der Libanon-Geschichte – gerne mal wieder ausführlich mit mir kommunizieren; sie fand meinen Lieberman-Kommentar, so teilt sie mit, »schmerzhaft, aber brillant geschrieben«.

Was könnte ich Ihnen, lieber Henryk Broder, androhen, falls Sie nun zum Serientäter werden und mich noch ein drittes Mal auf Ihrer Website »Achse des Guten« zum Bösewicht stempeln? Mir fällt nur eines ein: Ich kündige in meiner Eigenschaft als blutrünstiger Schreibtischtäter an, Ihnen keine Krawatte mehr zu leihen – wie ich es unlängst auf der Frankfurter Buchmesse noch tat, als Sie an meine Zimmertür klopften. Dann sind Sie aufgeschmissen.

Aber es muss ja nicht so weit kommen.

Mit freundlichen Grüßen,
Erich Follath

Zweiter Brief

Lieber Kollege Follath,

nach ein paar umtriebigen Tagen komme ich jetzt dazu, ihren Brief in Ruhe zu beantworten. Erst einmal vielen Dank, dass Sie sich so viel Mühe gemacht haben. Mir ist klar, dass Ihr Brief nicht primär an mich gerichtet war, sondern vor allem an die unter CC aufgeführten. Sie wollten, dass auch die SPIEGEL-Chefredaktion mitliest, die ja an unseren Ausführungen immer großes Interesse hat. Das ist okay so. Ich möchte Ihnen »for the record of history« antworten und weil ich von der Richtigkeit des Spruches »Klarheit vor Einheit« überzeugt bin.

Natürlich lesen Sie Ihren Text anders, als ich ihn gelesen habe. Und Sie monieren nicht das, was ich daraus zitiert habe, sondern das, was ich weggelassen habe. Das ist Ihr gutes Recht. Mein gutes Recht ist es freilich, zwischen Ihren Zeilen zu lesen.

Nun hat jeder Text, das wissen Sie auch, einen Kontext und einen Subtext. Der Kontext Ihres Textes ist die ewige deutsche Sorge darüber, ob denn die Israelis die Lehren aus der Geschichte gelernt hätten. Als es Scud-Raketen auf Tel Aviv regnete, äußerte sich diese Sorge in der Aufforderung, nicht zurückzuschießen, das könnte die Situation eskalieren und zu einem Krieg führen. Und bei den Raketenangriffen aus Gaza war immer wieder die Rede von »selbst gebauten« beziehungsweise »selbst gebastelten« Raketen, als ob es sich um Silvesterkracher handeln würde.

Damals wie heute wurde ganz selbstverständlich angenommen, es sei gute alte jüdische Tradition, sich nicht zu wehren. Denn die Welt mag tote Juden und ist bereit, ihnen Mahnmale zu widmen, nimmt es ihnen aber übel, wenn sie sich nicht dem Weltfrieden zuliebe aus der Geschichte verabschieden wollen.

Der Subtext Ihres Textes passt genau in diesen Kontext. Natürlich nennen Sie den iranischen Präsidenten einen Israel-Hasser und Holocaust-Leugner. Das ist doch selbstverständlich. Wollen Sie dafür gelobt werden, dass Sie ihn nicht einen Israel-Freund nennen? Was immer Sie freilich am Anfang Ihrer Geschichte feststellen, Sie lösen es im weiteren Verlauf des Textes auf. Sie sichern sich nicht gegen Missverständnisse ab, sondern dagegen, dass Sie richtig verstanden werden.

Das ist – seien Sie nicht gleich wieder beleidigt – die Methode Hohmann. Der hat eine Stunde lang darüber geredet, warum die Juden ein »Tätervolk« sind, um ganz zum Schluss bei der Feststellung zu landen, man könne die Juden ebenso wenig wie die Deutschen als Tätervolk bezeichnen. Wer es heute wagt, ihm zu »unterstellen«, er habe die Juden als »Tätervolk« bezeichnet, wird umgehend anwaltlich abgemahnt.

Ihr ganzer Text läuft auf eine Parallelität zwischen Ahmadinedschad und Netanjahu hinaus. Der eine hat's mit Amalek, der andere mit dem 12. Imam. Beide sind aus dem gleichen Holz geschnitzt. Das ist die Botschaft, die Sie vermitteln wollen, und das ist es, was beim Leser hängen bleibt. Und während Sie bei Ahmadinedschad Fakten reportieren, sind es bei Netanjahu Meinungen aus zweiter und dritter Hand, Mutmaßungen und Spekulationen, die als Tatsachen präsentiert werden. Das macht den ganzen Text nicht nur asymmetrisch, sondern auch handwerklich unkoscher.

Ich beklage nicht, dass Sie »Haaretz« zitieren, ich beklage nur, dass Sie vom Hörensagen zitieren – eine Quelle, die auch in der »Haaretz« nicht genannt wird. Das ist Kaffeesatz-Journalismus. Ebenso wie der beliebte Bezug auf die »gewöhnlich gut informierten Kreise«. Und im Falle Ihres Kronzeugen Goldberg zitieren Sie nachweislich falsch, nämlich das Gegenteil von dem, was Goldberg geschrieben hat.

Sie fragen: Was ist denn bloß mit dem selbstironischen, die jüdischen Rechtsaußen früher kritisch begleitenden Broder passiert, dem Mann, der »Die Irren von Zion« geschrieben hat?

Ich sag es Ihnen gerne. Zum einen hab ich nicht nur die jüdischen Rechtsaußen, sondern auch die jüdischen Linksaußen »kritisch« begleitet, die Frieds, Finkelsteins und Chomskys, wann immer sich die Gelegenheit dazu ergeben hat. Zum anderen habe ich die »Irren von Zion« vor über zehn Jahren geschrieben, als die Situation in und rund um Israel eine etwas andere war. Damals mussten Sie genau hinschauen, neben wem Sie sich in den Bus setzten. Und wenn Sie in einem Café Platz nahmen, empfahl es sich, die Tür im Auge zu behalten. Es gab schreckliche Selbstmordanschläge der Palästinenser, aber die stellten keine existenzielle Bedrohung Israels dar. Das ist jetzt anders.

Die Selbstmordanschläge haben erheblich abgenommen – vor allem dank der »Apartheidmauer«, die den Israelis übel genommen wird und zu allerlei falschen Analogien mit der Berliner Mauer verleitet – dafür gibt es jetzt zum ersten Mal seit dem Sechstagekrieg eine existenzielle Bedrohung. Während Ahmadinedschad sich eine »Welt ohne Zionismus« wünscht, debattieren deutsche Exegeten wie Frau Amirpur darüber, ob er diesen Wunsch transitiv oder intransitiv formuliert, ob Israel also von alleine verschwinden soll oder ob er dafür sorgen wird, dass Israel verschwindet. Das ist wirklich ein Unterschied, auf den es entscheidend ankommt. Sie machen nun den Vorschlag, Ahmadinedschads genozidale Fantasien »metaphorisch« zu verstehen und wundern sich anschließend darüber, dass ich Ihnen nicht folgen kann.

Ich habe mir in der Tat früher gewünscht, die Israelis mögen über Nacht aus den besetzten Gebieten abziehen und die Palästinenser sich selbst überlassen. Seit dem Abzug aus Gaza weiß ich, dass dies nicht möglich ist. Auch Sie, lieber Herr Follath, könnten dann nicht mehr nach Israel fliegen, weil der Tel Aviver Flughafen in Reichweite der selbst gebastelten Raketen liegen würde, die aus Kalkilja und Tulkarem abgefeuert würden. Reicht das als Antwort auf Ihre Frage, was mit mir passiert ist?

Sie mögen Netanjahu nicht? Kann ich verstehen. Sie finden Lieberman einen Widerling, der Israels ansehen schadet?

Ich bin ganz Ihrer Meinung. Aber warum sagen Sie es dann nicht? Warum verstecken Sie sich hinter Tom Segev? Ist der unfehlbar? Oder nur Ihr Alibi-Jude? Er ist übrigens nicht der Einzige, wie Sie behaupten, der das sagt, »was wir alle empfinden«, wobei mir nicht ganz klar ist, wen Sie mit »wir alle« meinen. Sie und Tom Segev? Sie und Alfred Grosser? Sie und Uri Avnery?

Ich erkläre Ihnen auch gerne, warum Israel nach rechts gerückt ist, trotz Segev, Burg, Oz, Avnery und all der guten Juden, die so gern von den deutschen Medien als Kronzeugen angerufen wurden. Als »Bibi« gewählt wurde, war Ahmadinedschad schon vier Jahre im Amt. Vier Jahre lang bekamen die Israelis mit, wie er mit Europa, den USA und den UN Katz und Maus spielte, wie immer neue Sanktionen angedroht wurden und wie er derweil sein atomares Potenzial ausbaute, während verkommene »Experten« wie Udo Steinbach erklärten, Europa habe keinen Grund, sich bedroht zu fühlen.

Zippi Livni ist viel klüger, viel erfahrener als Lieberman (und natürlich sieht sie viel besser aus), aber sie hat nichts erreicht, außer dass die Lage für Israel immer bedrohlicher wurde. Hamas im Süden, Hisbollah im Norden und Ahmadinedschad über allem. Was erwarten Sie unter solchen Umständen? Eine absolute Mehrheit für »Peace Now«? Bibi ist die Reaktion auf Mahmud, nicht umgekehrt.

Es ist mehr als fies, lieber Herr Follath, wenn Sie mich einem »Umfeld« zurechnen und dafür verantwortlich machen, was in diesem Umfeld passiert. Den Betreiber von Castollux habe ich mal bei einer Lesung in Augsburg kennengelernt; er macht seinen Blog, so wie er es für richtig hält, ohne mich zu fragen. Tw24 und Dr. Moe kenne ich nicht, habe von denen weder etwas gehört noch was gelesen. Auch nicht die Ausfälle gegen Sie.

Es wäre mir ein Leichtes, Ihnen mit gleicher Münze heimzuzahlen und Ihnen ein paar Links zu rechtsradikalen und antisemitischen Blogs zu schicken, die von Ihrem Brief an Lieberman ganz begeistert waren. Ich tue es nicht, weil ich Sie für die Idiotien anderer nicht haftbar mache. Sie haben damit mir gegenüber weniger Skrupel.

Als solider Recherchierer sollten Sie auch wissen, dass ich Verleumder mitnichten vor Gericht zerre. Mit einer Ausnahme sind alle Verfahren, die ich geführt habe, nicht von mir angezettelt worden, ich wurde verklagt. Und mit einer Ausnahme, bei der ich früh kapituliert habe, sind alle Verfahren zu meinen Gunsten ausgegangen. Sie sind herzlich eingeladen, sich an meinen Gerichtskosten zu beteiligen.

Ich weiß auch nicht, warum Sie ausgerechnet damit angeben, von ein paar arabischen Fanatikern als notorischer Zionist bezeichnet zu werden. Das sagt doch überhaupt nichts aus, weder dass Sie es sind noch dass Sie es nicht sind. Nur dass die eine schwere Macke haben. Ebenso bedeutungslos ist das Lob, das Sie von der israelischen Botschaft bekommen haben. Die laden sogar Gregor Gysi zu ihren Empfängen ein. Ich habe den Eindruck, dass Sie ein wenig fremdbestimmt sind und gerne hinter großen Bäumen Deckung suchen.

Das muss doch nicht sein, lieber Kollege, wo Sie doch »etwas praktizieren, was man unabhängigen, gegenüber allen Seiten kritischen Journalismus nennen könnte«, auch wenn Sie gelegentlich einen 33 Jahre zurückliegenden Besuch bei einer trauernden Familie zur Grundlage Ihrer Analyse der gesamt-israelischen Befindlichkeit nehmen.

Für die Krawattenhilfe werde ich Ihnen ewig dankbar sein. Wenn Sie mal ein paar Fäustlinge brauchen, werde ich mein letztes Paar für Sie opfern. Und was Ihren dritten Auftritt auf der »Achse des Guten« angeht: Ich finde das eine gute Idee. Wir könnten unseren Notenwechsel dort veröffentlichen. Im SPIEGEL scheint das derzeit eher unmöglich.

Beste Grüße aus dem Königreich der Oranjer,
Ihr
Henryk Broder

Dritter Brief

Lieber Kollege Broder,

herzlichen Dank für Ihr langes Schreiben. Natürlich haben Sie alles Recht der Welt, meine Texte so zu lesen, wie Sie wollen und zwischen den Zeilen eine unterschwellig verborgene Agenda zu vermuten. Sie übergehen einfach alles, was ich Positives über Israel sage (»nicht moralisch zu vergleichen«, »einzige Demokratie im Nahen Osten«). Was ich Negatives über Irans Führung schreibe, ist »selbstverständlich« – und ich will dafür angeblich auch noch »gelobt« werden (warum sollte ich? von wem?). Sie lassen dann in Ihrer Mail als begnadeter Polemiker, der Sie sind, alle angeführten störenden Fakten einfach links liegen. Auch das: erlaubt. Nur so ganz ins Blaue hinein sollten Sie nicht fabulieren, dass ich meinen Kronzeugen »nachweislich falsch« zitiere, »nämlich das Gegenteil von dem schreibe, was Goldberg geschrieben hat«. Wie kommen Sie denn darauf? Ist die SPIEGEL-Dokumentation jetzt auch schon vom anti-israelischen Virus befallen und lässt sich von den schlimmen, nicht durchgehend mit Ihnen und Leon de Winter übereinstimmenden Autoren bei der Verifikation verbiegen?

Ja, Sie vermuten korrekt: Ich halte Netanjahu für eine gefährliche Fehlbesetzung als Premier. Und natürlich, Lieberman betrachte ich als einen Rassisten. Ich »verstecke« mich mit meinen eigenen Überzeugungen keineswegs, wüsste keinen Grund, das zu tun. (Wenngleich ich im Ton gegenüber Lieberman dann doch sensibler bin als beispielsweise der französische Präsident, der ihm ja nicht die Hand geben will und ihn mit dem Rechtsaußen Jean-Marie Le Pen verglichen hat). Warum Sie die von mir im Essay wie auch sonst verwendete übliche journalistische Praxis so anprangern, zur Unterstützung der eigenen Meinung auch noch einige hochangesehene Zeitzeugen zu zitieren, verstehe ich nicht. Tom Segev ist doch ein kluger Autor und so wenig »mein Alibi-Jude« wie Sie irgendjemandes Alibi- oder Ali-Bibi-Jude sind.

Angeben tue ich nur mit meinen Enkelkindern und, in schwachen Stunden, mit meinen Schachpartien gegen Garri Kasparow und Natan Scharanski. Ich gebe also keineswegs, wie Sie schreiben, »damit an«, was arabische oder israelische Botschaften, Zeitungen oder Blogger über mich schreiben, sondern ich konstatiere es, eher traurig. Und ich wollte es wenigstens in einer Hausmitteilung der Chefredaktion und Ihnen bekannt machen. Ich weiß, Sie sind nicht so empfindlich wie ich und raten mir, »nicht gleich wieder beleidigt zu sein«. Sie mögen recht haben. Aber ich lese dann doch ungern über mich, ich sei ein »Schreibtischtäter im Blutrausch« und »hetzerischer Antisemit«. Natürlich können Sie nichts dafür, wenn die »Castolluxe« dieser Welt so etwas schreiben. Ich darf aber darauf verweisen, dass – direkt neben diesen Zitaten gegen den »hasserfüllten Schmierfinken« Follath und meinem Foto, gedacht als eine Art Aufforderung zur Jagd, nehme ich an – begeistert Ihre letzten Texte zum Lesen empfohlen werden. Fast im gleichen Atemzug wird geraten, »mir das Handwerk zu legen«. Ähnliches gilt für die anderen genannten Blogs, deren Held Sie sind. Man ist sicher nicht für alle seine Freunde verantwortlich, aber man kann sich sehr wohl von denen distanzieren, die einen vereinnahmen und mit denen man nicht in einen Topf geworfen werden will. Um ganz ehrlich zu sein: Ich vermisse Ihre Bereitschaft dazu, nebst einem Hauch von Empörung über diese Ausfälle. Aber ich will Sie da um Gottes Willen nicht zum Jagen tragen. Das Ergebnis könnte ja die Szene verwirren.

Neben all Ihren hübschen Spitzen gegen mich (Danke für die Fäustlinge! Oh Gott, oh Gott, von wem bin ich denn »fremdbestimmt«?); neben all diesen Halbrichtigkeiten (ich greife bei Netanjahu eben nicht nur auf einen »33 Jahre zurückliegenden Familienbesuch« zurück, ich habe den Mann, wie's im Essay ja auch steht, schon noch bis heute weiter journalistisch verfolgt); neben all diesen mir unverständlichen Passagen des Israel-gegen-den Rest-der-Welt (als hätten sich alle gegen Israel mit seiner völkerrechtlich so vorbildlichen Politik verschworen und Kritiker nur Böswilliges im Sinn) finde ich in Ihrem Text eine bemerkenswerte und höchst diskussionswürdige Passage: die, in der Sie erklären, warum Israel Ihrer Meinung nach in seiner Existenz anders und umfassender bedroht ist als vor zehn Jahren. Manches deckt sich da mit Gesprächen, die ich in Jerusalem und Tel Aviv geführt habe. Gelegentlich war es Nine-Eleven, manchmal Ahmadinedschads Aufstieg, was die einstigen, friedensbewegten Liberalen zu verbissenen Hardlinern gemacht hat. Darüber sollten wir mal jenseits aller Polemik diskutieren. Darüber, ob diese existenzielle Angst vor Terror und dem Mann in Teheran in diesem Ausmaß berechtigt ist. Oder ob eher eine andere Macht Israel gefährden kann – nämlich Israel selbst, durch seine Besatzungspolitik und seine, auch nukleare Über-Rüstung, durch seine Haltung »uns ist die Welt egal, sie ist ja ohnehin gegen uns«. Israel benimmt sich wie ein geschändetes Kind, das aus seinem berechtigten Zorn auf den erlittenen Missbrauch das Recht ableitet, als Erwachsender andere zu verprügeln.

Meinen Sie wirklich, was Sie da schreiben: »Die Welt mag (nur) tote Juden?« Ist das, angesichts der Sympathie des Westens, und der zumindest in der Vergangenheit doch weitgehend bedingungslosen Unterstützung durch die Amerikaner sowie der »allzu großen Freundlichkeit der Europäer« (sorry, das ist Tom Segev) gegenüber Israel nicht eine Obsession? Genauso eine Besessenheit wie, sagen wir, der Satz: »Die Welt mag (nur) tote Palästinenser?«

Und noch eine Kernfrage: Wie hart dürfen/können/sollen Deutsche denn die israelische Politik kritisieren? In meinem Lieberman-Kommentar schrieb ich für Steinmeier sinngemäß den folgenden Satz auf, mit dem er sein Vieraugengespräch beginnen müsste: Er sollte sagen, dass die Garantie des israelischen Staates durch die Deutschen nicht nur eine Selbstverständlichkeit sei, sondern eine politische Grundvoraussetzung. Sie nannten so etwas dann in Ihrer Erwiderung abschätzig ein »Lippenbekenntnis«. Ich könnte mir vorstellen, hätte ich diesen Satz nicht geschrieben, wäre er von Ihnen eingefordert worden, nach dem Motto: Er kriegt nicht einmal hin, diese Worte auszusprechen … Die Deutschen haben's schon schwer, könnten Sie jetzt sagen, erst sechs Millionen Juden umbringen, und dann sich über die daraus resultierenden semantischen Probleme beklagen. Aber zumindest ich fühle mich in all diesen Fragen nicht sicher und ich finde, sie gehören offen und kontrovers diskutiert, ohne dass die Antisemitismus-Keule herausgeholt wird. »Klarheit geht vor Einheit« schreiben Sie. Schon richtig. Aber »Klarheit geht vor Zwietracht« gilt doch auch.

Mit freundlichen Grüßen und dem Hinweis, dass ich nun auch eine Krawatte in Grün (Farbe des Islam, aber auch der iranischen Opposition) zu verleihen habe,

Ihr
Erich Follath

Vierter Brief

Lieber Kollege Follath,

danke für Ihre Mail. Wenn wir so weitermachen, bekommen wir einen Eintrag im Guinness Book of Records. Deswegen schlage ich vor, wir gehen zusammen essen, brüllen uns an und wer zuerst heiser ist, zahlt die Rechnung, okay?

Jetzt und hier nur zwei Punkte:

Sie blenden vollkommen die emotionale Komponente des Konflikts hinter den Fakten aus. Ich dagegen meine: Europa sagt das eine und macht das andere. Natürlich gibt es eine »Solidarität« mit Israel, und einige Politiker (Merkel zum Beispiel) meinen es sogar ernst. Aber es gibt noch etwas anderes: Das schlechte Gewissen der Europäer (nicht nur der Deutschen) gegenüber den Juden, eine offene Rechnung, die man gerne abschließen möchte, den Wunsch, jemand möge den Job zu Ende bringen, den die Nazis nicht zu Ende bringen konnten. Israel ist ein Störenfried im doppelten Sinne. Erstens stört es den Frieden im Nahen Osten, zweitens den Seelenfrieden der Europäer, weil es sie ständig daran erinnert, was sie gemacht beziehungsweise geduldet haben. Deswegen habe ich es immer für falsch und kontraproduktiv gehalten, dass Israel sein Existenzrecht auf dem Holocaust aufbaut. Wenn also, Gott behüte, Ahmadinedschad Israel angreifen sollte, wäre das für die Europäer aus zwei Gründen sehr erfreulich: Erstens würde der vorletzte Holocaust im Dunst des letzten verschwinden, zweitens könnten sie das nachholen, was sie '33 bis '45 versäumt haben: sich mit den Juden zu solidarisieren.

Das klingt ein wenig kompliziert, ist aber ganz einfach. Andere sollen sich die Hände schmutzig machen.

Dazu gehört auch die unglaubliche Konjunktur, die einige jüdische Rentner, Dummköpfe, Selbsthasser und Bruchpiloten in der Bundesrepublik genießen. Angefangen bei meinem alten Freund »Abi« bis zu Alfred Grosser, der demnächst ein Buch bei Rowohlt herausbringt. (Als ich bei der Rowohlt-Pressestelle letzte Woche anrief, sagte man mir, sie hätten die Fahnen auch schon bestellt.) Man lässt Juden reden, die mit sich und mit Israel ein Problem haben. Das ist viel eleganter, als wenn man selber in den Ring steigen würde. Haben Sie sich mal überlegt, warum ein solches Nichts wie die Tochter von Heinz Galinski überall zitiert wird? Oder warum Alfred Grosser, der katholisch erzogen wurde, sein ganzes Leben lang nichts mit dem Judentum zu tun hatte, plötzlich im späten Alter sein Judesein entdeckt und zu Markte trägt? Das sind die nützlichen Idioten des schlechten Gewissens der guten Deutschen.

Und noch ein letztes Wort zu den Leuten, die Ihnen »das Handwerk legen« wollen. Wenn das jemand in meinem Beisein sagen würde, würde ich ihm die Fresse polieren. Aber ich sehe keinen Grund, für Sie in die Bütt zu steigen, weil Sie, lieber Kollege, auch für mich nicht in die Bütt gestiegen sind, als genau diese Forderung mir gegenüber in der »taz« erhoben wurde, als ein schwachköpfiger Professor mich einen »Hetzer« und »Rassisten« nannte. Und noch einmal, bis Sie es kapieren: Machen Sie mich nicht dafür verantwortlich, was andere Blogs über Sie schreiben. Konstruieren Sie nicht Seilschaften, wo es keine gibt.

Chinese, Thai oder Vietnamese?

Gruß aus Holland,
Ihr
Henryk Broder

Fünfter Brief

Lieber Kollege Broder,

»Europa«, schreiben Sie mir in Ihrer letzten Mail, sei beseelt von dem »Wunsch, jemand möge den Job zu Ende bringen, den die Nazis nicht zu Ende bringen konnten«. Klingt wie eine Vorlage zu einer tiefschwarzen Satire, einem bitterbösen Ausflug in Gott sei Dank fernste Fantasy-Welten: »Spontane Freudenfeste auf den Straßen von Catania über Cottbus bis Katowice, nachdem iranische Atomraketen in Israel einschlugen« – abseitiger geht's nimmer. Aber Sie führen den Gedanken ja dann tatsächlich weiter aus: Die Judenvernichtung durch Teherans Fanatiker sei »für die Europäer erfreulich«, unter anderem, weil dann »der vorletzte Holocaust im Dunst des letzten verschwinden« könnte. Als ich das nochmals las, und dann ein drittes Mal, da hab ich es bemerkt: Hier spricht nicht Henryk M. Broder, der augenzwinkernde, lustvoll provozierende Easy Rider der deutschen Sprache – Born to be wild, Börne to be wild – hier spricht einer, der das wirklich ernst meint. Und deshalb sollten wir darüber reden, und ich denke, es geht auch, ohne einen Psychiater zurate zu ziehen.

Ich darf ein bisschen ausholen, denn das berührt ja Grundsätzliches. Sie werfen mir vor, ich würde die emotionale Seite des Nahostkonflikts ausblenden. Aber keineswegs tue ich das. Zugegeben, Sie machen es auch nicht. Aber Sie instrumentalisieren diese emotionale Komponente einseitig (auch in diesem Punkt, Sie werden es nicht gern hören, spiegelbildlich mit dem Feind, denn so praktizieren es auch viele Palästinenser, um ihre aggressive Politik zu rechtfertigen). Das Problem ist, man müsste sich mal in den anderen hineinversetzen, auch sein Leid akzeptieren. Das gelingt in der aufgeheizten Atmosphäre, in der jeder jedem alles unterstellt – nur keinen guten

Willen – überhaupt nicht mehr. Die Wurzeln des Terrors zu sehen, lieber Herr Kollege, aber heißt nicht, für ihn Verständnis zu haben oder ihn gar zu billigen. Ehud Barak wurde 1999 einmal gefragt, was er getan hätte, wenn er als Palästinenser (in einem Flüchtlingslager) auf die Welt gekommen wäre. »Ich hätte mich wohl früher oder später einer Terrororganisation angeschlossen«, hat er gesagt. Keine Ahnung, ob er das heute als Verteidigungsminister noch so formulieren würde. Da die Grundvoraussetzung zur Aufnahme ins Kabinett Netanjahu aber das Einstellen des (selbst-)kritischen Denkens gewesen sein soll, glaube ich das eher nicht. By the way, so schlecht kann es Israel nicht gehen, da es sich ja 99 Minister leistet (nein, sorry, es sind nur 30, stelle ich beim Nachprüfen fest. Aber der Eindruck, dass jeder, der bei drei nicht auf den Bäumen war, einen Posten bekam, bleibt doch bestehen).

Natürlich haben die Israelis jedes Recht, sich eine ultranationalistische Regierung zu wählen und sich einen Außenminister zu leisten, dessen Grundpositionen knapp rechts von Dschingis Khan anzusiedeln sind. Natürlich steht es in ihrer Macht, künftig keine arabischen Namen mehr auf Straßenschilder zu schreiben, obwohl doch Arabisch die zweite anerkannte Landessprache ist und mehr als jeder fünfte israelische Staatsbürger Araber ist; die Verfügung des Verkehrsministers Israel Katz hat natürlich keinesfalls einen rassistischen Hintergrund, sondern geschieht, damit Terroristen »sich nicht mehr so leicht zurechtfinden«, enthüllt »Bild«, wie immer scharfsinnig, wie immer kritiklos auf der Seite der israelischen Hardliner. Natürlich kann die Knesset ein geplantes Gesetz verabschieden und ab diesem Jahr verbieten, dass parallel zum Unabhängigkeitstag Israels der palästinensischen Nakba, der Vertreibung und Flucht von 1948, öffentlich gedacht werden darf. Natürlich können israelische Behörden weiterhin die im besetzten Westjordanland produzierten und für die EU bestimmten Güter als »israelisch« deklarieren und damit internationale Regeln brechen. Natürlich sind die israelischen Regierenden in der Lage, jede Uno-Resolution zur Siedlungspolitik zurückzuweisen, aber verschärfte Uno-Sanktionen gegen Iran fordern und auf deren strikte Einhaltung pochen – aber woher nur in aller Welt nehmen viele Israelis den Anspruch und die Erwartung, dass niemand in Europa dies kritisieren sollte? Jedenfalls nicht kritisieren, ohne sich als »Antisemit« beschimpfen lassen zu müssen?

Ständig bringen Israels Politiker irgendwelche »Opfer«, von denen niemand außer ihnen selbst etwas bemerkt. Netanjahu verzichtet darauf, neue illegale Siedlungen zu errichten und will nur die bisherigen illegalen Siedlungen massiv ausbauen, »die Größe natürlich erweitern« heißt das auf Jerusalem-Speak, ein ziemlich dreister Versuch, die Weltgemeinschaft zu verdummen. Begründung: Die Westbanks sollten nicht »judenrein« werden. So sagte es Netanjahu jedenfalls dem angereisten deutschen Außenminister, und dermaßen stolz ist der Premier auf die Nazi-Formulierung, dass er sie gleich seinem ganzen Kabinett als Sprachregelung vorgibt. Gleichzeitig macht er klar, dass Israel im Westjordanland auf ewig eine »Militärpräsenz« brauche und verkauft es als großzügigen israelischen Kompromiss, zehn Monate lang auf neue Siedlungen verzichten zu wollen – beim Ausbau der bisherigen und mit Ausnahme Jerusalems, versteht sich. Und natürlich: Die Gaza-Blockade, die »illegale Kollektivstrafe gegen eine Bevölkerung« (so formuliert es der Chef des Uno-Flüchtlingswerks) bleibt bestehen.

Ich finde auch, lieber Herr Kollege, Sie sollten, wenn Sie von der angeblichen Kompromissbereitschaft der israelischen Politik sprechen, endlich einmal aufhören, Scharons Truppen-Abzug aus Gaza heranzuziehen und zu beklagen, Israel habe statt Dankbarkeit dafür nur einen Raketenregen geerntet. Sie wissen es doch besser. Natürlich sind die Hamas-Angriffe auf die Städte Sderod und Ashkelon ein Verbrechen und Israel ist zum Schutz seiner Bürger zu Gegenmaßnahmen berechtigt. Aber der Abzug war doch keine Vorleistung, sondern eine Selbstverständlichkeit – und alles andere als ein Opfer für Israel. Wer will sich denn ernsthaft um die Verwaltung von Gaza balgen, dieses schreckliche, überfüllte Drecksloch? Den Ägyptern hat man es ja schon zu schenken versucht, vergeblich, so meschugge sind die nicht. Und für Israel war der Streifen doch immer ein Klotz am Bein. Was Israelis aus Gaza brauchen, das sind doch allenfalls ein paar getrocknete Datteln und ein paar gedeckelte Arbeitskräfte, die für einen Hungerlohn in den besetzten Gebieten den Beton für die neuen illegalen Wohnungen mischen.

Sie schreiben vom permanenten »schlechten Gewissen der Europäer« gegenüber Israel: Ich weiß nicht, warum sie das haben sollten, jedenfalls in meiner Generation. Scham ja, Scham für das, was im Namen der deutschen Nation begangen wurde, Scham dafür, was die anderen europäischen Nationen historisch nicht verhindern wollten oder konnten. Aber Schuld? Sie ist geheuchelt und unangebracht bei denen, die mit dem Holocaust schon altersmäßig nichts zu tun haben konnten. Schuld laden sich viel eher diejenigen auf, die wie Frau Merkel es nicht übers Herz bringen, die israelische Siedlungspolitik oder die ganz offensichtlich sogar von oben ermutigten Übergriffe israelischer Soldaten im Gaza-Krieg zu kritisieren. Wieso glauben Sie eigentlich, lieber Herr Broder, dass die wahren Israel-Freunde diejenigen sind, die israelische Politiker mit harter Kritik verschonen – und damit mit dem Anlegen einer Elle, die genauso für andere gilt? Könnten die wahren Anti-Israelis nicht viel mehr diejenigen sein, die das Land als Hort der Holocaust-Überlebenden über jede Kritik erhaben finden (so wie die wahren Anti-Amerikaner die Bushs und Cheneys sind, die sich nach eigenem Gutdünken über die US-Verfassung hinweggesetzt haben)? »Europa dämonisiert Israels sechs Millionen Juden«, schreibt Ihr Freund Leon de Winter in einem seiner islamophoben Artikel, einem der wenigen übrigens, die er nicht im SPIEGEL losgeworden ist. Ich sehe das ganz anders: Europa packt Israels sechs Millionen Juden – oder vielmehr: deren jetzige Regierung – viel zu sehr in Watte. Und beleidigt sie im Grunde mit dieser Sonderbehandlung.

Natürlich sieht sich Israel realen Gefahren gegenüber, das bestreitet keiner. Natürlich ist es ein Skandal, dass außer Ägypten, Jordanien und Marokko kein arabischer Staat Israel anerkannt hat. Aber Israel ist andererseits auch die stärkste Militärmacht der Region, die einzige mit Atomwaffen. Und würde sich Israel endlich auf den grundvernünftigen Friedensplan der Saudis mit dem Rückzug aus den besetzten Gebieten einlassen, hätte es vermutlich binnen Kurzem diplomatische Beziehungen mit fast allen anderen arabischen Staaten und setzte die Palästinenser unter (Friedens-)Druck. Das alles würde die iranische Gefahr nicht beseitigen. Aber käme Israel dem US-Präsidenten, Europa und der arabischen Welt dermaßen entgegen, hätte es eine gemeinsame Phalanx geschaffen, die es den Teheraner Hardlinern ganz schwer machen würde, ihre gegenwärtige aggressive Politik durchzuhalten. Ein gar zu optimistisches Konzept, weil es auf die ungewisse Kompromissbereitschaft etwa eines Herrn Assad in Damaskus zählt? Vielleicht. Wissen Sie ein besseres? Ich bezweifle es, außer Sie wollen den im Nahen Osten so positiven Obama-Faktor vorbeiziehen lassen und sich in einem (un-)bequemen Status quo einrichten. Weil Veränderung für Sie zwangsläufig heißt: Es wird schlimmer.

Genau das, vermute ich, denken derzeit viele Israelis und spielen so den Netanjahu-Liebermans in die Hände, die dem Land einen Rechtsruck verordnen (oder ihn symbolisieren, ganz wie Sie wollen). Neben den Palästinensern, die sich ständig nur als Opfer definieren, stehen ihre israelischen Brüder und wollen nicht weniger in dieser Rolle anerkannt werden. Wer Israels Opferrolle auch nur relativiert, macht sich verdächtig. Wer den Mythos hinterfragt und argumentiert, dass Israel zumindest partiell auch Täter ist im Nahen Osten, wer sagt, dass die sogenannten Siedlungen weder primär der Verteidigung Israels dienen noch den Gründer-Idealen gerecht werden, sondern schlicht koloniale Landnahme sind, um einen zusammenhängenden, lebensfähigen palästinensischen Staat zu verhindern, muss sich dubiose Motive und Vorurteile unterstellen lassen. Auch wenn sicher manche israelische Vernichtungsängste nicht gespielt, sondern durchaus real sind, so scheint mir dieses ganze übersteigerte und ständig wiedergekäute Opfergebräu doch vorwiegend einem Zweck zu dienen: Damit die Israelis nicht in einer ruhigen Stunde definieren müssen, was sie eigentlich wollen.

Soll ihr Staat rein jüdisch sein oder »gemischtrassig«, säkular oder religiös? Soll in Israel womöglich das »Gesetz der Thora« gelten, wie es im Dezember allen Ernstes der nationalreligiöse israelische Justizminister Jaakov Neeman unter dem Beifall von Rabbinern gefordert hat – eine jüdische Theokratie analog zum iranischen Gottesstaat? Ein bisschen Talibanisierung? Soll es die ganz außergewöhnliche Gemeinschaft eines auserwählten Volkes sein oder ein ganz »normales« Land? Eher mit Europa verwurzelt und an die EU gebunden oder eine regionale Macht mit einem langfristig nahöstlichen Wirtschaftsschwerpunkt? Und was erwartet dieser Staat von der islamischen Welt?

Lieber Herr Kollege, Sie haben ja so recht, wenn Sie sinngemäß in einem Ihrer Bücher schreiben, dass der Islam sich als tolerante Religion an dem Tag erst beweisen wird, wenn ein Mädchen im Bikini durch Mekka schlendern darf, ohne gesteinigt zu werden. Ich nehme an, das wird an demselben Tag passieren, an dem schwangere Mütter während eines beliebigen jüdischen Sabbat in einem Krankenwagen durch Jerusalem fahren dürfen, ohne gesteinigt zu werden – und es an diesem Tag auch noch gelingt, so etwas Teuflisches wie einen geöffneten Jerusalemer Parkplatz vor der Verwüstung durch Ultrareligiöse zu schützen. Vielleicht sollten wir die Fanatischen beider Religionen zusammensperren, sagen wir in Uganda oder Alaska oder, von mir aus, auch in Schläfrig-Holstein, das Sie ja schon mal, angeregt von diesem exzentrischen Herrn Ahmadinedschad, den Juden schenken wollten (aber bitte mitsamt den dortigen Politikern); ich denke, die verstünden sich prächtig – und wir wären sie los. Was zwar auch noch nicht den Nahostfrieden brächte, aber schon ein gewisses Aufatmen.

Es grüßt Sie herzlich, in gespannter Erwartung Ihrer Replik. Vielleicht eine thematische Anregung: Was unterscheidet das Kriegsverhalten der israelischen Armee dieser Tage noch von dem Kriegsverhalten der Hamas? Oder, wenn Ihnen das zu kurz gerät: Warum sind Sie gegenüber Ihren jüdischen Kollegen Avnery und Grosser so gnadenlos streng und schlagen sich – zumindest virtuell – tapfer auf meine Seite, um diejenigen abzustrafen, die mir »das Handwerk legen wollen«? Genieße ich als Nichtjude irgendwelche Privilegien?

Ihr
Erich Follath

PS: Unser rhetorisches Duell, fällt mir auf, knirscht gelegentlich wie Schmirgelpapier und raschelt eher selten wie Seide. Mir gefällt's so. Wollen wir es dabei belassen? Oder sollen wir doch mal die Waffen bestimmen: Florett, Vorschlaghammer, Guillotine?

Sechster Brief

Lieber Kollege Follath,

entschuldigen Sie bitte, dass ich auf Ihren letzten Brief erst heute reagiere. Ich treibe mich in Neuengland rum, schreibe kleine Geschichten von unterwegs, genieße die Banalität des Alltags auf dem Lande und muss jeden Tag so existenzielle Probleme lösen wie: Lobster oder Lamb chops? Es hat mich einige Überwindung gekostet, mich wieder in das Fegefeuer des europäischen Diskurses zu begeben.

Sie sind doch ein kluger Mensch, erfahrener Schreiber und routinierter Hingucker. Warum tun Sie dann so, als ob Sie mich nicht verstehen würden? Als ob das, was wir auf der Oberfläche sehen können, alles wäre, was es zu sehen gibt? Wenn Sie mir kurz folgen mögen, kommen wir beide sicher ohne einen Psychiater aus.

Sie werden nicht annehmen, nur die Juden hätten ein Problem mit dem Holocaust, weil sie die Betroffenen waren. Dass nur die Juden nicht vergessen können, weil in fast jeder Familie irgendwo mindestens ein Foto rumsteht, auf dem Angehörige zu sehen sind, von denen man weiß, dass sie tot sind, aber nicht, wann und wo sie umgekommen sind. Man weiß nur, mit wessen Hilfe sie vom Leben zum Tode befördert wurden.

Auf der Gegenseite steht dann oft ein Foto vom Opa oder Vater in Wehrmachts- oder SS-Uniform. Meine Erfahrung ist, dass diese Familien ein noch größeres Problem haben, völlig unabhängig davon, was Opa wirklich gemacht hat. Die Vorstellung, was er gemacht haben könnte, reicht. Hat er über seine Erlebnisse erzählt, dann ist es schlimm, hat er nicht, ist es noch schlimmer.

Ich war mal bei einer theater-therapeutischen Sitzung einer sogenannten »Täter-Opfer-Gruppe« der zweiten Generation dabei. Als Beobachter, ich schwöre es. Es waren durchweg Kinder von KZ-Überlebenden auf der einen Seite und Kinder von »Nazis« auf der anderen Seite, die das dringende Bedürfnis hatten, zusammenzukommen. Sie dürfen das wörtlich nehmen. Mich hat das Ganze an den Film »The Night Porter« erinnert, eine vollkommen psychotische Versuchsanordnung mit Leuten, die – statt froh zu sein, dass sie nicht im KZ waren, weder auf dem Wachturm noch in der Baracke – mit aller Gewalt genau diese Situation rekonstruierten, sich in die Rollen von Tätern und Opfern reinsteigerten. Richtig irre aber wurde es, wenn die Rollen getauscht wurden, dann durften die Kinder der KZ-Überlebenden »Nazis« spielen, und die Kinder der »Nazis« spielten die Juden. Etwas Perverseres hab ich seitdem nicht gesehen, nicht mal in Horrorfilmen.

Die Idee, für ein paar Minuten die Täter zu sein, hatte für die Juden etwas Tröstliches, für die Kinder der »Täter« aber war es eine Option, aus ihrer Familiengeschichte auszusteigen: Einmal auch Opfer sein! Und von einem Juden beschimpft und gefoltert zu werden! Was für eine Erleichterung.

Und diese Situation erleben wir täglich, nicht in theatertherapeutischen Gruppen, sondern in der Wirklichkeit. Zum einen imaginieren sich die Deutschen immer mehr in die Rolle der Opfer (was ja nicht ganz falsch ist, sie waren tatsächlich die ersten Opfer der Nazis, wenn man davon ausgeht, dass die Nazis keine Deutschen, sondern nur deutsch sprechende Aliens waren), deswegen wird alle drei Monate ein »Tabu« gebrochen, das »Vertreibung« oder »Gustloff« oder »Bombenholocaust« heißt, deswegen rutschen die Juden, die jetzt Zionisten heißen, immer weiter auf die Seite der Täter, die sich den Palästinensern gegenüber so verhalten, wie sich die Nazis den Juden gegenüber verhalten haben. Man könnte sagen: Je schuldiger die Juden/Zionisten werden, desto unschuldiger fühlen sich die Deutschen/Exnazis. Das ist doch ganz einfach. Mich wundert nur, dass Sie es nicht verstehen.

Kein Mensch wird durch Leiden in einen moralischen Ritterstand erhoben, auch nicht die Juden. Aber die Deutschen können nicht nur die Erinnerung daran, was sie (beziehungsweise deren Eltern und Großeltern) den Juden angetan haben, nicht ertragen, sie tun sich noch schwerer mit der Vorstellung, die Juden könnten ihnen moralisch überlegen sein, weil sie so gelitten haben – eine sehr christliche Vorstellung, nach der sie im Judentum vergeblich suchen werden. Deswegen werden die Juden/Zionisten ständig gefragt, ob sie denn nichts aus ihrer schrecklichen Geschichte gelernt hätten. Doch, kann ich dazu nur sagen, haben wir. Es hat sich nicht ausbezahlt, zweitausend Jahre Prügel einzustecken, um moralisch überlegen zu sein. Lieber etwas weniger Moral und dafür eine längere Lebenserwartung.

Aber das ist noch nicht alles. Es gibt ja gute Juden, den Herrn Grosser zum Beispiel, dem mit 80 einfiel, dass jüdisches Blut in seinen Adern fließt, und dann gibt es schlechte Juden, Krawallos wie Leon de Winter und mich, die nicht aufhören können, in alten Wunden zu stochern.

Noch schlimmer sind nur noch diese schamlosen Israelis, die sich weigern, dem Frieden zuliebe aus der Geschichte zu verschwinden. Israel erinnert die Welt (eben nicht nur die Deutschen) ständig daran, was passiert ist, was die Welt getan und vor allem: unterlassen hat.

Es ist, als würde vor dem Haus eines Vergewaltigers jeden Tag die Frau auftauchen, die er vor Jahren vergewaltigt hat, aber nicht als gedemütigtes Opfer, das sich dessen schämt, was ihm angetan wurde, sondern mit stolz erhobenem Haupt und mit einer Smith & Wesson in jeder Hand. Nicht nur der Vergewaltiger, so er noch lebt, auch seine Kinder und Kindeskinder würden sich in einer solchen Situation unwohl fühlen. Man weiß nicht, wozu die Frau imstande ist. Würde die Frau jetzt aber von einem Laster überfahren, würden die Leute im Haus sagen: Die Arme, das hat sie nicht verdient. Aber sie wären erleichtert, dass sie weg ist und sie nicht an alte Sünden erinnert.

Ja, Sie haben recht, es fehlt den Israelis in der Tat die Fähigkeit, sich in die Situation der Palästinenser hineinzuversetzen.

Es gibt einen wunderbaren israelischen Film, der genau dieses Defizit thematisiert: »Nissuim fiktivim«, fiktive Ehen oder Hochzeiten. Da gerät ein Israeli in eine Gruppe von Arbeitern aus Gaza, die in Israel arbeiten. Er gibt sich als taubstumm aus, die Palästinenser »adoptieren« ihn, er erlebt das Land aus ihrer Perspektive, und plötzlich sieht Israel nicht mehr so schön aus. Und kennen Sie »Avanti popolo!« über die Schlussphase des Sechstagekrieges? Da gibt es eine irre Szene: Ein gefangener ägyptischer Soldat, ein gebildeter Mann, fängt plötzlich an, den Shylock zu zitieren: »Wenn Ihr uns stecht, bluten wir nicht…« Die israelischen Soldaten schauen sich verwundert an und einer sagt: »Was hat der nur, was soll der Unsinn?«

Aber das, lieber Kollege, ist nicht unser Thema. Wir reden nicht darüber, wie unsensibel die Israelis sind (sie sind es oft tatsächlich) oder wie verschwenderisch sie mit ihren Ressourcen umgehen, indem sie sich 39 Minister bei 120 Knesset-Abgeordneten leisten (das ist der Tribut an den Orient), wir reden darüber, warum die Deutschen dermaßen auf Israel fixiert sind. Oder eben nicht nur die Deutschen. Haben Sie das letzte Werk von Henning Mankell gelesen, wo er Israel dazu auffordert, sich selbst aufzulösen? Bei welchem anderen Staat hat Mankell das schon mal getan? Warum Israel? Sonst haben die Schweden keine Sorgen?

Nun hätte ich im Prinzip nichts dagegen, dass Israel sich auflöst. Für mich sind Staaten keine Objekte der Anbetung, sondern Dienstleister. Sie sollen meine Sicherheit garantieren, für sauberes Trinkwasser und für eine funktionierende Müllabfuhr sorgen. Wenn sie auch noch das Kulturleben fördern wollen, meinetwegen, muss aber nicht sein. Wenn es einen anderen Weg gibt, die Sicherheit der Bürger zu garantieren, für sauberes Trinkwasser und eine funktionierende Müllabfuhr zu sorgen, verzichte ich gerne auf den Staat. Ich würde nur vorschlagen: Bevor Israel über seine Selbstauflösung entscheidet, sollten andere Staaten, die schon länger auf der Landkarte zu finden sind, mit gutem Beispiel vorangehen. Frankreich, England, das marode Belgien, das korrupte Italien. Deutschland nehme ich ausdrücklich aus, das ist auch eine verspätete Nation.

Ganz absurd wird es aber, wenn Leute, die Israel als Staat verschwinden sehen möchten, sich für die Bildung eines palästinensischen Staates einsetzen, egal ob neben oder anstelle von Israel. Ich bin sehr dafür, dass die Palästinenser einen eigenen Staat bekommen, so wie ich dafür bin, dass die Homosexuellen heiraten dürfen. Gleiches Unglück für alle!

Aber wenn es eine artifizielle Nation gibt, die einen artifiziellen Staat anstrebt, dann sind es die Palästinenser. Nichts hält und bindet sie zusammen als die Negation Israels, das wurde auf dem letzten »Parteitag« der Fatah mal wieder klar. Niemand käme auf den Gedanken, einen palästinensischen Staat zu fordern, wenn 1948 die arabischen Armeen siegreich gewesen wären und Israel überhaupt nicht entstanden wäre. Sie hätten das Gebiet untereinander aufgeteilt oder es wäre Großsyrien zugeschlagen worden, aus und vorbei. Umgekehrt, wäre Israel auf dem Nordpol gegründet worden, gäbe es heute eine Nordpol-Befreiungsfront, die der Unterstützung der UN und der EU sicher sein könnte.

Marokko hat, gegen eine Reihe internationaler Entschließungen, den größten Teil der Westsahara annektiert. Es gibt ein paar Polisario-Soli-Guppen an den deutschen Unis, die vor allem aus nordafrikanischen Studenten bestehen, mehr gibt es nicht. Den Deutschen geht die Sahara am Arsch vorbei, so wie ihnen der Sudan, der Kongo und alle anderen Krisengebiete, die nicht von TUI und Neckermann angeboten werden, am Arsch vorbeigehen.

Und jetzt sagen Sie nicht schon wieder: Israel steht uns eben näher … Unsinn! Der emotionale Kollateralgewinn aus einer Empörung über Israel bringt uns mehr ein, weil er uns mit unserer Geschichte versöhnt. Was im Falle der Westsahara, des Kongos etc. nicht der Fall ist. Mit humanitärem Engagement hat das nichts zu tun. Auch nicht mit Empathie für die Palästinenser. Die sind nur der Mittel zum Zweck. Als die Hamas die Fatah-Leute massakrierte (die schließlich Zuflucht in Israel suchten – was für ein Witz), schlug das deutsche Gewissen nicht an.

Ich gehe jetzt nicht auf die Punkte ein, die Sie wie eine Crêpe auswalzen, bis sie dünn und durchsichtig sind. Das kann man alles diskutieren, in einigen Punkten haben Sie recht, in anderen nicht. Aber das ist irrelevant. Ich werde nicht idiotische Entscheidungen von Netanjahu rechtfertigen, ich werde Sie, lieber Kollege, aber auch nicht darüber aufklären, worum es bei der Korrektur der Straßennamen geht, jedenfalls nicht darum, die arabische Schreibweise abzuschaffen. Statt sich darüber aufzuregen, dass »Bild« »immer kritiklos auf der Seite der israelischen Hardliner« steht, könnten Sie mal darauf verzichten, das, was in »Bild« steht, für bare Münze zu nehmen. Aber in diesem Fall passt es in Ihr Konzept. Und Ihre Feststellung, der Abzug der Israelis aus Gaza wäre eine »Selbstverständlichkeit« gewesen, würde glaubwürdiger klingen, wenn Sie noch die andere »Selbstverständlichkeit« dazugeschrieben hätten: dass die Palästinenser besser daran getan hätten, die Infrastruktur, die Israel zurückgelassen hatte, zu nutzen, statt sie zu zerdeppern und ein kleines beschissenes Fundi-Regime zu errichten, das von den Almosen der EU lebt.

Ich springe gleich zu Ihrem Satz: »Sie (Broder) schreiben vom permanenten ›schlechten Gewissen der Europäer‹ gegenüber Israel: Ich weiß nicht, warum sie das haben sollten, jedenfalls in meiner Generation.«

Ja, genau das habe ich eben wieder versucht, Ihnen zu erklären. Dass Sie (Follath) kein schlechtes Gewissen spüren, bedeutet nicht, dass Sie keines haben. Es sei denn, in Ihrem Fall (und bei den Europäern im Allgemeinen) greift das Modell vom Ich-Es-Über-Ich nicht. Es mag ein wenig alt sein, aber veraltet ist es nicht. Im Übrigen tappen Sie in Ihre eigene Falle. Ich finde es mehr als geschmacklos, wie heiter-unbefangen Sie den Begriff »Sonderbehandlung« benutzen, um ihn zu denazifizieren. So heiter unbefangen, wie die Palästinenser »Ghetto« und »Holocaust« benutzen, um sich als die Juden des 21. Jahrhunderts zu präsentieren. Europa, schreiben Sie, packt die Israelis in Watte und beleidigt sie mit dieser Art der »Sonderbehandlung«.

Dazu nur zwei kurze Fragen, lieber Kollege: Welches Land der Welt (in einer vergleichbaren Lage) wird von Europa mit der nötigen Härte angepackt? China, für die fünfzigjährige Besetzung von Tibet? Die Türkei für die Behandlung der Armenier? Libyen für die langjährige Folter der sechs bulgarischen Krankenschwestern? Nordkorea für das Aushungern der eigenen Population? Wo hat Europa je die Zange angesetzt? Es gibt ein Beispiel: Österreich, nach Bildung der Schüssel-Haider-Koalition. Und lang angehalten hat's oa net.

Und was wäre das richtige Mittel, mit der unwürdigen »Sonderbehandlung« der Israelis aufzuhören? Könnte man vielleicht ein Veteranenkommando der Legion Kondor nach Tel Aviv schicken, um die israelische Regierung zur Räson zu bringen? Sonderbehandlung! Wie angesteckt Sie vom schlechten Gewissen sind, das nach Entlastung schreit, kommt allein in diesem Wort zum Vorschein. Würden Sie mit derselben Unbefangenheit von einer »Sonderbehandlung« von Frauen sprechen, weil es auf Unis und Betrieben Quoten gibt, die zugunsten der Frauen wirken?

Ein wesentlicher Teil ihrer Argumentation basiert auf dem halluzinatorischen Konjunktiv. Israel könnte, Israel würde, Israel müsste … Schon möglich, dass Israel diplomatische Beziehungen mit den meisten arabischen Ländern HÄTTE, wenn es den saudischen Friedensplan annehmen WÜRDE. Aber dann HÄTTE es auch einige Millionen arabische Rückkehrer, die es integrieren MÜSSTE, und wie Israel dieses Problem lösen KÖNNTE, würden Sie dann sicher in einem offenen Brief erklären.

Sie wollen auch nicht sehen, dass es mit der Rückgabe der besetzten Gebiete nicht vorbei WÄRE. Auch die »gemäßigte« Fatah erklärt öffentlich, dass sie Israel nie anerkannt und die Hamas nie aufgefordert hat, dies zu tun. Und für die Hamas und die Hisbollah und deren Freunde sind eben nicht nur die Westbank und die Golanhöhen besetzt (und natürlich Gaza, weil die Grenzen von Israel kontrolliert und Selbstmordattentäter an der freien Ausreise gehindert werden), sondern auch der Rest von Palästina, der derzeit unter zionistischer Verwaltung steht.

Ich finde es ebenso wie Sie unsäglich, dass der orthodoxe Mob die säkulare Bevölkerung in Jerusalem terrorisiert, dass Parkhäuser am Sabbat geschlossen sind, dass es eine Buslinie zwischen Jerusalem und Bnei Brak gibt, in der Männer und Frauen getrennt sitzen. Juden, die so leben wollen, sollen nach Saudi-Arabien auswandern. Aber das hat mit dem Nahostkonflikt nichts zu tun, es sind die mentalen Folgen von zweitausend Jahren Diaspora. Haben Sie mal diese Ekel-Gestalten in Rabbinerkostümen gesehen, die zu Ahmadinedschad gefahren sind und sich von ihm abknutschen ließen? Was sagt uns das? Gar nix. Außer dass es auch bekloppte Juden gibt, die es genießen, die nützlichen Idioten der linken Antisemiten und Antizionisten zu sein, die ihrerseits alles verachten, was nach Religion riecht. Nur wenn ein paar durchgeknallte Juden, die auf den Messias warten, für das baldige ende Israels beten, tritt auch das weltliche Anti-Israel-Pack zum Feldgottesdienst an.

Die etwas verfeinerte Ausgabe der Clowns der »naturei-karta« sind ihre Freunde Avnery und Grosser. Sie sehen ganz normal aus, sie wissen, wie man sich benimmt, aber sie spielen die Blockflöten im selben Orchester, in dem der frühere Arafat-Berater Moishe Hirsh und seine Irren von Zion die Posaunen blasen.

Darüber das nächste Mal mehr. Jetzt muss ich mich wieder relevanten Problemen widmen: Pizza oder Pasta? Sie sehen, das Leben ist kein Ponyhof.

Beste Grüße aus Lexington,
Ihr
Henryk Broder

Siebter Brief

Lieber Kollege Broder,

soso. Sie nun in Neuengland, zwischen Lobster und Lamm schwankend, während ich in Israel die Fahne hochhalte (das ist nur so eine Redewendung, hoffentlich ohne antisemitische Frühgeschichte): Gefilte Fisch oder Falafel. Habe meinen Aufenthalt wieder einmal zeitlich aufgeteilt, halb im hedonistischen Tel Aviver Hilton, halb im American Colony-Hotel, in dessen mauerumwölbten Garten Jerusalems Heiligkeit noch am ehesten erträglich ist, wie ich finde. Ansonsten: Gott ein Ortsgespräch, Zion und Zoten, und wenn man die Stadt überdachen würde, wär's eine geschlossene Anstalt – wem erzähl ich's, Sie kennen das, Sie haben da ja zwischenzeitlich sogar gewohnt. Man ist abgestoßen und angezogen und meistens beides zugleich. Und muss also immer wieder hin, denn wo sonst ist es denn so, ja, sagen wir es zynisch, so unlangweilig: Never a dull moment…

Ich fing an, Ihre letzte Mail zu lesen und dachte erschrocken: Was ist bloß mit Broder los? Altersmilde? Einsicht in bessere Argumente? Warum lobt er mich dermaßen? Las dann weiter und erkannte erleichtert: Das ist nur ein rhetorisches Mittel, er meint es nicht so. Behält sich die schweren Geschütze für den zweiten Teil vor und breitet sie genüsslich aus – na, haben wir da den Kollegen wieder bei seiner unerlaubten Fundamentalkritik an Israel mitsamt verkapptem Nazi-Jargon entlarvt und damit seinen im Unterbewusstsein schlummernden Anti-Judaismus, Anti-Zionismus und was sonst noch alles aufgedeckt. Wieder einmal gehen wir von unterschiedlichen Voraussetzungen aus. Sie fragen, warum ich »als kluger Mensch und erfahrener Schreiber« und, was war's noch, ach so »als erfahrener Hingucker« so tue, als würde ich Sie nicht verstehen. Aber nein, da täuschen Sie sich: Ich verstehe Sie nur allzu gut, vielleicht ist das Teil des Problems.

Wer hat Sie denn in diese merkwürdige Theater-Versuchsanordnung hineingetrieben, wo die Kinder der KZ-Überlebenden »Nazis« spielten und die Kinder der Nazis dann »Juden« sein durften? »Etwas Perverseres habe ich seitdem nicht gesehen, auch nicht in Horrorfilmen«, schreiben Sie. Glaube ich sofort. Und schließe messerscharf: Sie haben sich, da Sie ja bei diesem gruseligen Schwachsinn offensichtlich dabeigeblieben sind und man Sie dazu kaum gezwungen haben dürfte, tief in ihrem Inneren so etwas gewünscht, sagen wir, um ihre Dämonen der Vergangenheit zu verjagen oder ihre unbewusst empfundene Schuld zu sublimieren. Totaler Schwachsinn, sagen Sie? Ganz genau. Aber so argumentieren Sie, werter Kollege. Sie nehmen das »therapeutische Theater« zum Ausgangspunkt Ihrer Argumentation für die »Wirklichkeit« im Verhältnis zwischen Deutschen und Juden, für den Umgang mit dem Staat Israel, für meine Motivation und Wortwahl bei der Kritik an Netanjahu & Co. Und da wird's dann sehr, sehr problematisch.

Sie schreiben: »Ich habe versucht, Ihnen zu erklären, dass Sie (Follath) kein schlechtes Gewissen spüren, bedeutet nicht, dass Sie keines haben.« Kühnes Gedankenkonstrukt. Klingt für mich so ähnlich wie: Sie haben sich schuldig gemacht, Sie wissen es nur noch nicht. Und Sie wären noch schlimmer schuldig geworden, hätten Sie eine Gelegenheit gehabt, und das ahnen Sie tief in Ihrem Inneren. Mein Leben als Nachkriegsdeutscher: Eine unausweichliche persönliche Nazi-Erbsünde? Und bei dieser Versuchsanordnung soll ich mitmachen? Mensch Broder, da verdränge ich doch lieber weiter, und haue undifferenziert auf die liebenswerten israelischen Politiker drauf, nehmen Sie mir's nicht übel.

Aber dazu später, zunächst was ganz anderes. Sie müssen jetzt ganz tapfer sein. Sich erst mal die Ohren zuhalten, wenn Ihnen das einer vorlesen sollte, oder mal ein paar Absätze überspringen, denn das Unfassbare geschieht: Ich gebe Ihnen

Recht, in weiten Teilen Ihres letzten Schreibens. Ich bin so wenig wie Sie scharf auf Nationalstaaten, mir ist wie Ihnen jede patriotische Aufwallung suspekt, auch wenn sie so wenig aggressiv und vergleichsweise heiter daherkommt wie die im deutschen Fußball-Sommermärchen. Vermutlich sind Nationalstaaten noch eine Weile nötig, wie man ja an dem unwürdigen EU-Gewürge sieht; im Nahen Osten sieht's dann aber doch noch ein bisschen anders aus, da geht's – Sie müssten es besser wissen als andere – um mehr als Briefmarken und Müllabfuhr, da regiert die unglückselige Gemengelage aus historischem Anspruch, Ehre, Stolz und einer Überdosis Gott auf allen Seiten. Israel ist nun einmal die Heimstatt und sicherer Zufluchtsort für alle Juden, das können wir nicht wegargumentieren, nicht wegjuxen, Palästina könnte es für die Palästinenser werden. Ich bin wie Sie dafür, dass die Homosexuellen heiraten dürfen, dafür, dass die Palästinenser einen eigenen Staat bekommen: gleiches Unglück für alle. Glückwunsch, das haben Sie schön formuliert, das klaue ich.

Und Sie schreiben: »Kein Mensch wird durch Leiden in einen moralischen Ritterstand erhoben, auch nicht die Juden« – genauso ist es. Deshalb ist es auch großer Quatsch, von den durch erlittene Pein angeblich geläuterten, »sensibilisierten« Juden einen höheren Menschenrechtsstandard zu verlangen als von Angehörigen anderer Nationen. Aber auch der Umkehrschluss ist richtig: Aus dem früher erlittenen Leid erwächst nicht der Anspruch, sich internationalen Maßstäben und Normen entziehen zu dürfen. Kommen Sie mir nicht mit der ständigen Bedrohung durch die Nachbarn. Auch andere Nationen sind bedroht und werden gezwungen, sich den Anforderungen der Vereinten Nationen zu unterwerfen – oder müssen sich jedenfalls scharf kritisieren lassen, wenn sie das nicht tun. Israel aber spielt permanent die internationale Primadonna. Jeder Uno-Beschluss zur Siedlungspolitik eine Zumutung, jeder Rot-Kreuz-Bericht zu Menschenrechtsverletzungen »kriminell einseitig«, Amnesty bis Human Rights Watch, alles radikalislamistisch unterwandert. Glauben israelische Politiker diesen Unsinn? Oder steigern sie sich in die Opferrolle – »Wir allein gegen den Rest der bösen, missgünstigen Welt« – absichtlich hinein, um sich nicht an ihren eigenen demokratischen Maßstäben messen zu müssen?

Vor ein paar Jahren schon hat Ariel Scharon als Premier die EU-Vorbehalte gegenüber seiner Besatzungspolitik pauschal als »antisemitisch« gebrandmarkt. Und es ist auch für die jetzige Regierung in Jerusalem sehr bequem, jede Kritik an ihrer Politik so zu stigmatisieren. Dafür will ich Sie nicht verantwortlich machen. Aber für Ihre eigenen Formulierungen müssen Sie schon geradestehen. »Lieber etwas weniger Moral und dafür eine längere Lebenserwartung«, schreiben Sie. Da allerdings macht mich Ihre Argumentation und Ihr Stil wieder frösteln. Denn Sie merken offensichtlich gar nicht, dass das doch keine Alternative sein kann und sehr Cheney-Lieberman-mäßig klingt, in die Richtung: Lasst uns mehr foltern, ist ja für die Freiheit!

Sie klagen darüber, dass der jüdische Staat so sehr im Blickfeld der deutschen Medien steht und führen das zurück auf den »emotionalen Kollateralgewinn aus einer Empörung über Israel«. Sie vermissen den Aufschrei über die Zustände in Nordkorea, im Kongo, im Sudan, die Ihrer Meinung nach einen viel zu geringen Stellenwert bei uns einnehmen. Mag so sein. Aber darf ich fragen, worüber Sie zu 95 Prozent Ihrer journalistischen Zeit schreiben, womit Sie sich als Experte in Bundestagsgremien und bei Tagungen in aller Welt bevorzugt oder eigentlich ja fast ausschließlich beschäftigen? Wie viele Broder-Geschichten zu anderen Konflikten finde ich im SPIEGEL-Archiv? Ist das Juden-Deutsche-Palästinenser-Erklären nicht zu einer Lebensaufgabe für Sie geworden, und hat man Sie dafür hierzulande – durchaus zu Recht, meiner Meinung nach, ich schätze Sie ja – mit Preisen überhäuft? Auf die Gefahr hin, dass es jetzt wie eine billige Pointe klingt: Schauen Sie bitte mal unter meinem Namen im Archiv: Ich bin mit kritischen Geschichten vertreten von

Pjöngjang über Peking, von Kinshasa über Kalkutta bis Caracas. Also verschonen Sie mich mit dem Vorwurf der thematischen Einseitigkeit, wenn Sie schon nicht davon lassen können, mir »ideologische« Einseitigkeit zu unterstellen.

Und lassen Sie uns doch nicht so tun, als sei das Verhältnis von Deutschen und Juden kein kontroverses Thema, als gäbe es keine scharfe und aufwühlende Diskussion über erlaubte und unerlaubte Israel-Kritik oder über die jüdischen Deutschen beziehungsweise deutschen Juden. Fast eine ganze Seite hat die »Welt am Sonntag« kürzlich der Frage gewidmet, ob und wie der »Zentralrat der Juden in Deutschland« sich mit der Frage seiner Umbenennung in »Zentralrat der deutschen Juden« befassen sollte. Verbirgt sich dahinter nicht ein zu starkes Bedürfnis nach Anpassung, ja nach Anbiederung an die deutsche Mehrheitsgesellschaft?, schwadronierte der »WAMS«-Autor. Und Sie selbst werden mit einem warnenden Aufschrei zitiert: »Es handelt sich um den einen Versuch, zum Status quo ante zurückzukehren, zu der guten alten Zeit vor 1933, als es ›deutsche Juden‹ gab, die das Bekenntnis zur deutschen Nation in den Mittelpunkt ihrer Aktivitäten stellten. Wie die Geschichte ausging, ist bekannt.«

Kennen Sie eine ähnliche hitzige Diskussion etwa bei den Russlanddeutschen oder den Deutschkasachen? Haben die überhaupt einen Verein? Ich glaube, eine Deutsch-Kasachische Gesellschaft würden wir erst dann zur Kenntnis nehmen, wenn Borat den Vorsitz übernähme.

Wir kommen immer wieder in unserer Diskussion zu der Frage zurück: Wann nimmt Kritik an Israel antisemitische Züge an? Wer entscheidet das? Und, ich darf noch eine neue Frage hinzufügen: Unterscheidet sich Antisemitismus von anderen Formen des Fremdenhasses, insbesondere vom Hass auf alles Islamische? Wir müssen jetzt nicht über die schrecklichen 5,6 Prozent NPD-Wähler in Sachsen reden, über die empörende Situation in manchen ostdeutschen Gemeinden, in denen sich Neonazis sogenannte »befreite Gebiete« geschaffen haben – ich denke, das finden wir beide gleich schrecklich, ebenso wie die zunehmende Gewaltbereitschaft dieser Gruppen. Nach einer Studie der Friedrich-Ebert-Stiftung von 2008 haben neun Prozent der deutschen Befragten antisemitischen Aussagen zugestimmt (das ist etwa europäischer Schnitt); 21 Prozent unterstützten dagegen ausländerfeindliche Thesen.

Aber die offen Rechtsradikalen meinen Sie ja nicht, diese Kriminellen und Vollidioten, die jüdische Friedhöfe mit blutigen Schweineköpfen entweihen, wie neulich in Gotha geschehen. Sie knöpfen sich den »smarteren, subtileren« Antisemitismus der sogenannten Mitte vor. »Wie jedes Ressentiment geht auch der Antisemitismus mit der Zeit«, schreiben Sie in der »FAZ« (die Ihre Story übrigens unter einem hübschen Titel druckt: »Heiteres Antisemitenraten«). »Sich von dem Antisemitismus der Nazis zu distanzieren, ist heute eine der Voraussetzungen, um einen sauberen Antisemitismus praktizieren zu können, der nicht mit Auschwitz assoziiert wird.«

Da Sie den deutschen Gerichten – völlig zu Recht – nicht die Entscheidungsgewalt dazu überlassen wollen, wo was anfängt und aufhört, haben Sie sich, scheint mir, so etwas wie Ihre private Antisemitismuskeule gebastelt. Eine Weiterentwicklung des Harald Schmidt-Nazo-Meters, das immer ausschlug, wenn sich umgangssprachlich der Verdacht verbaler Nazi-Ausrutscher ergab. Sie arbeiten offensichtlich auch an einer Korrektur der EU-Behörde, von der ich finde, dass sie eine ebenso schlichte wie überzeugende Definition vorgelegt hat: Demnach ist es antisemitisch, Israel mit Nazi-Vergleichen zu diffamieren, von einer jüdischen Weltverschwörung zu reden, den Juden einen Staat als Ausdruck ihrer nationalen Identität zu verweigern; und – Achtung! – an Israel andere Standards anzulegen als an andere Staaten.

Sprache, sagen Sie, entlarvt antisemitische Tendenzen. So ist es. Meistens jedenfalls, manchmal ist sie auch nur Ausdruck von Unbeholfenheit. Allerdings müsste ein ehemaliger Bundesminister wie Norbert Blüm wissen, was er tut, wenn er im

Zusammenhang mit der israelischen Besatzungspolitik den einschlägigen Nazi-Begriff von der »Ausrottung« gebraucht. Und ich finde auch nicht, dass deutsche Bischöfe angesichts eingezäunter und gedemütigter Palästinenser die besetzten Gebiete »Ghetto« nennen sollten, denn Ghetto ist in diesem Kontext ein zentraler Begriff der jüdischen Leidensgeschichte; von den ungeheuren Entgleisungen eines deutschen Kardinals – Abtreibung ist gleich Holocaust – will ich mal ganz schweigen. All das wurde in der deutschen Presse zu Recht aufgespießt. Warum aber niemand hierzulande sich über israelische Politiker ähnlich aufregt, ist mir ein Rätsel. Wenn der Außenminister Lieberman, dem Sie eine so tapfere Gegenrede zu meinen Angriffen geschrieben haben, vor einem »zweiten Holocaust« (nämlich einem iranischen Angriff) warnt; wenn Premier Netanjahu das Gespenst eines »judenreinen« Judäa und Samaria an die Wand malt und seinen Kabinettskollegen die Verwendung dieser deutschen Nazi-Begriffe ausdrücklich empfiehlt; wenn der Strategieminister Mosche Jaalon die israelische Friedensbewegung pauschal einen »Virus« (analog zum Nazi-»Volksschädling«) nennt, den man beseitigen müsste – dann setzen die sich doch alle gezielt dem Antisemitismus-Verdacht aus. Und wie weit antisemitische Juden gehen können, haben Sie ja selbst erwähnt, als Sie von diesen Rabbinern erzählten, die zu Ahmadinedschads unsäglicher Den-Holocaust-gab's-nicht-Konferenz fuhren.

Ich will das jetzt nicht alles in einen Topf werfen, aber bezeichnend für den Zustand der jetzigen israelischen Regierung ist schon, was sich da der Nationale Sicherheitsberater und Netanjahu-Intimus Uzi Arad geleistet hat: Erst forderte er allen Ernstes seinen Widerpart im Bundeskanzleramt auf, dafür zu sorgen, dass die Kanzlerin beim Netanjahu-Antrittsbesuch den leidigen Siedlungsausbau nicht öffentlich zur Sprache bringe und auch diesbezügliche Fragen der Journalisten verhindere (!); als Merkel-Mann Christoph Heusgen das Ansinnen höflich ablehnte, schrie der Israeli den Deutschen 15 Minuten lang am Telefon auf unflätigste Weise zusammen. Vor Zeugen. Und was machte der tapfere Heusgen? Das, was er in vergleichbarer Situation mit einem Franzosen, Briten oder Russen gemacht hätte, nämlich das merkwürdige Demokratieverständnis des Gegenübers anzuprangern oder sich wenigstens den rüden Ton zu verbitten und den Hörer auf die Gabel zu werfen? Nein, nein, Heusgen duckte sich appeasementmäßig weg. Im Sinne der deutsch-israelischen Friedens-Sauce (die dann erstaunlicherweise die Kanzlerin wenigstens so weit durchbrach, dass sie erstmals die wenigstens halbwegs kritische EU-Position zur Siedlungspolitik vertreten hat).

Nun komme ich zu den Passagen Ihrer Mail, die ich Ihnen wirklich übel genommen habe: »Ich finde es mehr als geschmacklos, wie heiter-unbefangen Sie den Begriff ›Sonderbehandlung‹ benutzen, um ihn zu denazifizieren«, schreiben Sie mir. Das finde ich, mit Verlaub, ein starkes Stück. Ich weiß sehr wohl, dass »Sonderbehandlung« – im Kontext mit jüdischen Häftlingen – als Euphemismus für »Ermordung« benutzt wurde. Ich weiß, ich begebe mich jetzt aufs Glatteis, aber ich finde, man kann darüber streiten, ob der Begriff für alle Zeiten nazistisch kontaminiert oder schon wieder in einen »unschuldigen« Sprachgebrauch übergegangen ist.

Drei Beispiele aus den letzten Wochen: Der Rennfahrer Michael Schumacher sollte einen Boliden nicht testen dürfen, forderte die Konkurrenz: »Red Bull gegen Sonderbehandlung« (Sport-Informationsdienst). Amazon bietet Ihnen und mir beim Kauf mehrere Bücher Rabatte und wirbt: »Sonderbehandlung für unsere Kunden«. CDU-Größe Volker Kauder kämpft für das gleiche Recht aller deutschen Autokonzerne: »Keine Sonderbehandlung für Opel!« (FAZ). In nicht einem dieser Fälle hat meines Wissens der Zentralrat der Juden oder das Zentrum für Antisemitismusforschung protestiert. Dessen Leiter Professor Wolfgang Benz geht ja sogar so weit, Israel-Kritik »eine für sich genommen legitime Sache« zu halten, was immer er damit meinen mag. Und ich habe das Wort »Sonderbehandlung« ja nicht in Bezug auf einen Menschen benutzt, sondern auf einen Staat, der Kontext war klar und wurde von mir dezidiert benannt: Andersbehandlung gegenüber anderen Staaten. Wie Sie es schaffen, mir daraus einen Strick zu drehen und mir mit ein paar semantischen Schlenkern tiefsitzende Ressentiments zu unterstellen, das muss Ihnen erst einmal jemand nachmachen.

Ich werde jetzt mal genauso (un-)sachlich und (un-)dialektisch zurückschlagen: Wenn man Israel Menschenrechtsverletzungen durchgehen lässt, die man anderswo anprangern würde, beispielsweise den Einsatz von Streubomben (Zentralrat der Juden) oder auch nur das Ausgrenzen der Gaza-Bevölkerung (Sie), und wenn man die EU-Definition akzeptiert, dass jede Andersbehandlung Israels ein Zeichen für Antisemitismus ist – fördern Sie dann nicht den Antisemitismus?

Übrigens: Es gibt schon eine Zensurbehörde in Deutschland, wenigstens eine solche für die Unzulässigkeit von Vergleichen, wussten Sie das? Doch, doch: Sie heißt Shimon Stein. Sie wissen, das ist der vorletzte israelische Botschafter in Berlin, über den damals so viele den Kopf geschüttelt haben, weil er den Super-Hardliner gab und jeden geißelte, der es auch nur wagte, winzige Kratzer der israelischen Musterdemokratie zu erwähnen: verglichen mit seinem klugen und weltoffenen Vorgänger Avi Primor und seinem Nachfolger Joram Ben-Zeev zweifelsohne ein diplomatischer Tiefpunkt. Stein tat immer so, als sei Deutschland eine unbewohnbare antisemitische Zone, die ihn »zum Verzweifeln bringen konnte«. Ich höre, er ist nach dem Ende seiner Amtszeit 2007 in diesem unwirtlichen Land geblieben, um hier zu leben und zu arbeiten: Herzlich willkommen, ein zweites Mal, kann ich nur sagen. Nun, da es Stein nicht mehr möglich ist, qua seines Amtes alle paar Wochen in der SPIEGEL-Chefredaktion protestierend vorzusprechen, hat er sich auf andere Medien besonnen: Er ist, wohin auch sonst, zur Springer-Presse gegangen. Und der Stein des Anstoßes: Das war ich.

In der »Welt« schrieb Stein kürzlich einen Gastkommentar, in dem er »Herrn Erich Follath« persönlich scharf angreift und meinen vergleichenden (und ja deutlich auch das Trennende hervorhebenden) Essay über Netanjahu und Ahmadinedschad »absurd, abscheulich, unprofessionell« und weiß Gott noch was nennt. Wobei man sich fragen darf, was absurder ist: Dass Stein seiner Empörung nicht in einem SPIEGEL-Leserbrief äußerte (wo ja die Chancen, dass jemand meinen Text gelesen und die Zusammenhänge gekannt hätte, doch etwas größer gewesen wären als in der »Welt«); oder dass das Springer-Blatt den kryptischen Artikel über eine von der »Welt« nicht veröffentlichte Geschichte überhaupt gedruckt hat. Stein schreibt, »Follath hat seinen Fantasien freien Lauf gelassen« – eine Unterstellung zwar, aber sein gutes Recht, es so zu sehen. Dass er dann aber gleich noch die SPIEGEL-Oberen zum Durchgreifen, zum Jagen gegen mich tragen will, hat schon etwas Denunziatorisches: »Es sollten diejenigen, die Verantwortung für die Qualität und die Seriosität der Berichte tragen, die Bremse ziehen.« Aufforderung zur Selbstentleibung der Chefredaktion? Oder nur zu meiner Entlassung?

Stein fasst dann zusammen: »Wenn Papier sprechen könnte, wäre es zutiefst beleidigt. Doch Papier errötet nicht.« Da habe ich ja noch mal Glück gehabt. Papier erblasst übrigens auch nicht und macht sich keine Eselsohren. Da hat Herr Stein aber noch mal Glück gehabt.

Warum nur, lieber Kollege, schaffen Sie es immer wieder, Gräben aufzureißen, wenn wir auf der gleichen Wellenlänge sind wie in Sachen Bibi Netanjahu? Provokation um der Provokation willen, weil Sie gemerkt haben, wie harmoniesüchtig ich im Grunde bin? Natürlich wird nicht alles gut im Nahen Osten, wenn Israel seine Besatzung aufgibt – geschenkt, hat doch keiner behauptet. Ich denke nur, nichts wird sich im Nahen Osten verändern, ohne dass sich Israels Besatzungspolitik verändert. Natürlich ist jeder Kompromiss ein Stück Selbst-Aufgabe mit offenem Ausgang, ein KÖNNTE, WÜRDE, HÄTTE, MÜSSTE, wie Sie richtig schreiben. Wenn aber alle davon ausgehen, dass jede Veränderung zum Schlimmeren führt, dann wird sich gar nichts tun. Vielleicht wollen Sie ja den Status quo, wie so viele Israelis, die es sich derzeit in den Tagen relativer Ruhe an allen Fronten einigermaßen bequem eingerichtet haben. Und denen es zuwider ist, nach links und rechts zu schauen, und schon gar nicht hinüber nach Palästina, das, wie Sie so schön euphemistisch sagen, »derzeit unter zionistischer Verwaltung steht«. Über die arabische Kunst, jede Chance auf eine Chance der Verständigung zu verpassen, müssen Sie mich nicht aufklären. Ich finde wie Sie die Hamas unappetitlich, auch wenn manches für Verhandlung gerade mit den Radikalen spricht; und ich bin wie Sie von den demokratischen Übungen der korrupten Fatah-Truppe wenig überzeugt, obwohl ich zu prophezeien wage, dass es nach Mahmud Abbas keinen Palästinenser-Führer mehr geben wird, der Israel so weit entgegenkommt.

Über alles können wir streiten, lieber Kollege, nur nicht über eine angeblich unterschwellige Agenda, die mein Denken prägt; da mache ich nicht mit. Ich habe mit der Auschwitz-Überlebenden Ida Löw weinend am Grab ihres Mannes gesessen, ich war in Dachau und Yad Vashem. Von der empfundenen Scham kann mich keiner erlösen. Von der nichtempfundenen Schuld muss mich keiner erlösen. Also bitte: Es mag den von Ihnen bemühten (Selbst-)Erlösungsantisemitismus ja geben, aber kleben Sie ihn mir nicht an.

»Wer Jude ist, bestimme ich!«, hat Karl Lueger, der antisemitische Bürgermeister von Wien vor hundert Jahren gesagt. Nun drehen Sie bitte nicht den Spieß um und sagen: »Wer Antisemit ist, bestimme ich.« Auch Sie haben den Lackmus-Test dafür nicht erfunden. Sollten wir uns darauf einigen können, bin ich sehr für ein gemeinsames Essen – Lammkeule oder Lobster klingt nicht schlecht, ich habe eine Gefiltefisch-Falafel-Allergie.

In alter Freundschaft,
Ihr
Erich Follath

Achter Brief

Lieber Kollege Follath,

entschuldigen Sie bitte, wenn ich Ihren letzten Brief erst heute beantworte. Es war einfach zu viel los in der Welt. In Berlin wurde die Regierung ausgewechselt, in Kopenhagen haben 15 000 Klimaexperten vergeblich versucht, den anstieg der Erderwärmung zu stoppen und ich wäre beinah der nächste Präsident des Zentralrates der Juden in Deutschland geworden (siehe Texte im Kapitel »Zwischenspiel«). Derweil waren Sie in Jerusalem und haben die Irren von Zion auf beiden Seiten der ehemaligen Grenze besucht. Das ist löblich. So gehört es sich.

Und nun wollen Sie wissen, ob ich altersmilde geworden bin beziehungsweise Einsicht in »bessere Argumente« zeige. Weder noch. Die Milde hebe ich mir fürs Alter auf und »bessere Argumente« kann ich weder auf den ersten noch auf den zweiten Blick bei Ihnen erkennen. Sie wenden immer wieder denselben Trick an – Sie dementieren etwas, das ich nicht behauptet habe, wie ein Junge, der beim Rauchen auf dem Klo erwischt wird und dann treuherzig versichert, er habe dabei nicht masturbiert.

Nein, ich habe Ihnen keinen »Nazi-Jargon« unterstellt, weder einen verkappten noch einen offenen. Auch keinen Antijudaismus, nicht einmal einen Antizionismus, der eh nur eine Kostümvariante des guten alten Antisemitismus ist. Aber ich surfe in der Tat in Ihrem »Unterbewusstsein« rum, so wie Sie es mit mir tun. Und ich frage mich dabei, »wie es in Follath denkt«, denn auch Sie wandern nicht als Monolith durch die Welt, sondern als die Freud'sche Trias aus ICH, ÜBER-ICH und ES. Das ES finde ich dabei am interessantesten, ganz im Sinne von Fassbinder, der seinen Edel-Antisemiten in »Der Müll, die Stadt und der Tod« sagen lässt: »Und Schuld hat der Jud, weil er uns schuldig macht, denn er ist da. Wär er geblieben, wo er herkam, oder hätten sie ihn vergast, ich könnte heute besser schlafen. Sie haben vergessen, ihn zu vergasen. Das ist kein Witz, so denkt es in mir.«

Das ist nicht nur einer der klügsten Sätze zur Psychopathologie eines Antisemiten, der nicht daran leidet, was er dem Juden angetan, sondern daran, dass er den Job nicht zu Ende gebracht hat; es ist auch ein Beleg, dass Fassbinder eben kein Antisemit war. Denn ein richtiger Antisemit reflektiert nicht darüber, wie »es« in ihm denkt. So weit kommt er gar nicht. Trotzdem: Fassbinder hatte ein Problem mit Juden, er war von ihnen angezogen und abgestoßen zugleich, so wie Sie heute von Israel und den Israelis angezogen und zugleich abgestoßen sind. Ein Empfinden, das ich durchaus nachvollziehen kann. Israel ist die historische Verkörperung der jüdischen Chuzpe, deren Träger sich einfach weigern, aus der Geschichte zu verschwinden, obwohl sie damit einen wesentlichen Beitrag zur Befriedung des Nahen Ostens und damit der ganzen Welt leisten könnten. Zugleich ist Israel der Fluchtpunkt zahlloser Projektionen, Lustängste und Schuldgefühle, die so alt sind wie die »Rechtfertigungen« des Antisemitismus: War das Judentum früher eine »Weltmacht« (die nicht einmal in der Lage war, die Zufahrtswege nach Auschwitz zu bombardieren), so ist es heute Israel, das in Gestalt der »Israel-Lobby« Amerikas Außenpolitik bestimmt. Haben die Juden früher Christenkinder geschlachtet, um aus deren Blut Matzen für das Pessach-Fest zu backen, so treiben die Israelis heute Handel mit »Organteilen«, die sie toten Palästinensern entnehmen – beziehungsweise Palästinensern, die sie umbringen, um mit ihren Herzen, Lebern und Nieren Geschäfte zu machen. Die schwedische Zeitung, die diese Geschichte in die Welt brachte, nahm für sich das Recht auf »Meinungsfreiheit« in Anspruch, ein Recht, von dem sie keinen Gebrauch machen mochte, als es darum ging, die Mohammed-Karikaturen aus »Jyllands-Posten« nachzudrucken, um das Recht auf Meinungsfreiheit zu verteidigen. Die schwedischen Kollegen wussten, mit was für einer Gefahr so ein Nachdruck verbunden wäre. Heute wissen sie, dass sie nur einen verbalen Protest der israelischen Regierung riskieren, wenn sie Horrorgeschichten über israelische Organ-Vampire verbreiten.

Jetzt ticken Sie nicht gleich aus und sagen, ich würde Ihnen was unterstellen, tu ich nicht. Ich sage nur: Auch Follath hat ein ES, das er nicht 24 Stunden täglich kontrollieren kann. Und dieses ES hat mich in der Tat dazu gebracht, mir das irre Schauspiel der Juden- und der Nazi-Kinder anzusehen, die übereinander herfielen, um aufeinander rumhopsen zu können. Es war faszinierend zu sehen, wie tief Menschen sinken können, die sogar ihre Einkäufe mit einem »kritischen Bewusstsein« erledigen und was für eine ungeheure Macht die negative Libido sein kann. Sie treibt Juden in die Arme von Antisemiten, Frauen in die Arme von Vergewaltigern und ganz normale Deutsche in die Trainingslager der al-Qaida.

Ich verstehe nicht, warum Sie sich dermaßen verzweifelt gegen meine »Unterstellung« wehren, Sie hätten ein schlechtes Gewissen, von dessen Vorhandensein Sie keine Ahnung hätten. Das ist doch die Voraussetzung dafür, dass es sich optimal entfalten kann. Denken Sie wirklich, ohne das schlechte Gewissen, dass es uns gut und zu gut geht, würden so viele Menschen den Humbug der Klimakatastrophe glauben, auf ihren persönlichen CO_2-Ausstoss achten und die Welt vor dem Untergang retten wollen? Glauben Sie wirklich, Westdeutsche würden Jahr um Jahr 100 Milliarden Euro in die ehemalige DDR rüberschieben, wenn sie nicht ein schlechtes Gewissen hätten, weil sie 40 Jahre in Saus und Braus gelebt haben, während die Brüder und Schwestern aus der Zone am Kap Arkona bestenfalls die Wahl zwischen Broiler und Soljanka hatten? Nehmen Sie an, irgendein amerikanischer Jude würde auch nur einen Cent für Israel spenden, wenn ihn nicht das schlechte Gewissen quälen würde, wie wenig die USA und die US-Juden für die Juden in NS-Deutschland getan haben?

Setzen Follath! Sie glauben wohl, money makes the world go round. Nein, es ist das schlechte Gewissen beziehungsweise das Verlangen, es loszuwerden. Die »Wiedergutmachung« war, das hat schon Eike Geisel geschrieben, eine Maßnahme zur »Wiedergutwerdung« der Deutschen. Wieder gut geworden, können sie sich ihrer Lieblingsbeschäftigung widmen, dem Räsonieren über Juden/Israel/Zionisten.

Ein renommierter Historiker, Mitglied der deutschen Gesellschaft für Auswärtige Politik, macht sich in der »FAZ« Gedanken, wie das historische »Palästina« neu geteilt werden sollte, diesmal nicht vertikal entlang des Jordan, sondern horizontal entlang einer Achse zwischen dem Mittelmeer und dem Toten Meer. Die Juden sollten nördlich dieser Linie siedeln, die Palästinenser südlich davon, sie sind ja das Leben in der Wüste gewöhnt. Einige Millionen Menschen müssten umgesiedelt, die Aktion von der EU und den USA finanziert werden, schreibt der Experte für Völkerwanderung, der gewiss auch bei der Aufteilung des Lebensraums jenseits von Maas und Memel gute Arbeit geleistet hätte, wenn er damals schon einsatzbereit gewesen wäre.

Eine Gruppe von 25 deutschen Politologen, Friedensforschern und Konfliktberatern, die noch keinen einzigen Konflikt in ihrem Kiez gelöst haben, veröffentlicht in der »Frankfurter Rundschau« das »Manifest der 25 – Warum die ›besonderen Beziehungen‹ zwischen Deutschland und Israel überdacht werden müssen«.

In dem Manifest findet man überraschende Einsichten, unter anderem diese: »Es ist der Holocaust, der das seit sechs Jahrzehnten anhaltende und gegenwärtig bis zur Unerträglichkeit gesteigerte Leid über die (muslimischen wie christlichen und drusischen) Palästinenser gebracht hat. Das ist nicht dasselbe, als hätte das Dritte Reich einen Völkermord an den Palästinensern verübt. Aber zahllose Tote waren auch hier die Folge ...«

Das, lieber Kollege, sind nicht Leute, die sich um die Teilnahme bei »Deutschland sucht den Superstar« in der Kategorie

»Eunuchen beim Synchronsingen« beworben haben, es sind deutsche Politologen, Friedensforscher und Konfliktberater, die bei der letzten Tagung der Gesellschaft für angewandte Inkompetenz den Ruf vernommen haben: »Kümmert euch um Palästina.«

Der Ruf kam aus einer Ecke der deutschen Geschichte, in der sich die Opfer derselben drängeln, was die 25 deutschen Politologen, Friedensforscher und Konfliktberater nicht etwa mit Scham, sondern mit Übermut erfüllt:

»Vielleicht hilft es sich vorzustellen, wie in der gegenwärtigen Situation wohl die vielen Intellektuellen, Schriftsteller, Künstler und Musiker jüdischer Herkunft von Adorno über Einstein, Freud und Marx bis zu Zweig reagiert hätten, auf die wir so stolz sind und ohne die die deutsche Kultur und der deutsche Beitrag zur Wissenschaft um so vieles ärmer wären. Wir sind überzeugt, dass sie den folgenden Satz unterschreiben würden: Nur Gleichheit und Respekt vor Recht und Völkerrecht können ein friedliches Zusammenleben gewährleisten und sind die einzigen Garanten für eine dauerhafte Existenz des Staates Israel und des zukünftigen Staates Palästina in Sicherheit – und für die Sicherheit von Juden und Jüdinnen bei uns und in aller Welt.«

Mit weniger geben sich die 25 deutschen Politologen, Friedensforscher und Konfliktberater nicht zufrieden. Sie wollen die Sicherheit von Juden und Jüdinnen »bei uns und in aller Welt« gewährleisten. Wie wäre es, wenn diese megalomanen Stubenhocker in Berlin-Mitte anfangen würden, wo der jüdische Kindergarten, die jüdische Schule und die Synagoge bewacht werden müssen – vermutlich vor Ignoranten, die keine Ahnung haben, welchen Beitrag die »vielen Intellektuellen, Schriftsteller, Künstler und Musiker jüdischer Herkunft« zur deutschen Kultur geleistet haben.

Und wissen Sie, lieber Follath, was das Beste an solchen Floskeln und Phrasen ist? Sie kommen vom Herzen. Wenn die Nazis sich damit zufriedengegeben hätten, nur jüdische Handwerker, Händler und Hausierer auszurotten, die keine Beiträge zur deutschen Kultur und Wissenschaft geleistet haben, wäre deutschen Politologen, Friedensforschern und Konfliktberatern die Sicherheit von Juden und Jüdinnen bei uns und in aller Welt heute so wurscht wie ihnen die Bahai im Iran, die Uiguren in China und die Armenier in der Türkei wurscht sind. Nur weil sich die Nazis dummerweise an Intellektuellen, Schriftstellern, Künstlern und Musikern jüdischer Herkunft vergriffen und damit Deutschland geschadet haben, fühlen sich 25 deutsche Kopfarbeiter, die in ihrer Gesamtheit das akademische Lumpenproletariat vertreten, zum Einschreiten verpflichtet. Das ist Leichenfledderei mit moralischem Anstrich.

Beinah ebenso gut war ein weiterer Appell, den »24 ehemalige deutsche Diplomaten« in der »Süddeutschen Zeitung« veröffentlichten. Darin konnte man unter anderem lesen: »Der Nahostkonflikt ist ein Nährboden für extremistische Bewegungen, welche die öffentliche Sicherheit nicht nur in der Region selbst, sondern auch in Europa und in anderen Teilen der Welt ernsthaft gefährden.«

Dieser Satz ist so wahr wie die Feststellung »die Basis ist die Grundlage des Fundaments« wahr ist. Sogar die Rentner aus dem Auswärtigen Amt müssten wissen, dass »extremistische Bewegungen, welche die öffentliche Sicherheit nicht nur in der Region selbst, sondern auch in Europa und in anderen Teilen der Welt ernsthaft gefährden«, auf den Nahostkonflikt nicht angewiesen sind, um ihre Existenz und ihre Taten zu rechtfertigen. Die Muslimbruderschaft zum Beispiel wurde schon 1928 in Ägypten gegründet, vor dem Zweiten Weltkrieg, vor dem Holocaust und vor der Gründung Israels. Und dass es den Muslimbrüdern nicht darum geht, Konflikte zu lösen, sondern sie zu erzeugen: »Allah ist unser Ziel. Der Prophet ist unser Führer. Der Qur'an ist unser Gesetz. Dschihad ist unser Weg. Sterben auf dem Wege Allahs ist unsere größte Hoffnung.«

Es wäre einfach und zufriedenstellend, das Manifest der 25 Konfliktlöser und den Aufruf der 24 Ex-Diplomaten allein mit Antisemitismus zu erklären. Aber es würde dem Phänomen nicht gerecht. Professionelle Wichtigtuerei spielt wahrscheinlich eine große Rolle, gepaart mit der Gewissheit, dass ein Aufruf, die besonderen Beziehungen zwischen Deutschland und Namibia zu überdenken, niemand interessieren würde.

Trotzdem bleibt die Frage: Warum Israel, warum die Juden? Warum plädieren dieselben Leute, die sich über das Heimweh der Schlesier lustig machen, für ein Rückkehrrecht der Palästinenser? Warum wollen überhaupt so viele deutsche den Nahostkonflikt gelöst wissen, als würde ihnen das Schicksal der Palästinenser den Appetit, den Schlaf und die Lust am Sex rauben? Warum hat die Idee eines binationalen Staates in Palästina im progressiven Milieu so viele Anhänger, wo doch alle bi- und multinationalen Projekte in Europa, von Jugoslawien bis zur Tschechoslowakei, auseinandergefallen sind?

Ich habe es Ihnen schon einmal geschrieben. Es ist eine Obsession. Abstinenzler haben einen Hang zum Alkohol, Sittenhüter zur Pornografie, Diabetiker zu kalorienreichen Mehlspeisen, die Deutschen zu den Juden. Insofern wäre es gut, wenn sie sich eine Abstinenz-Phase verordnen würden. Eine Weile keine Klezmer-Konzerte, keine Woche der Brüderlichkeit, keine Aufrufe zur Lösung der Palästina-Frage, keine Symposien über die deutsch-jüdische Symbiose und vor allem: keine Bekenntnisse, die mit dem Satz »gerade wir als Deutsche« anfangen.

Aha, werden Sie jetzt sagen, der Broder will uns das Maul verbieten. Ja, lieber Kollege, das würde ich, wenn ich es könnte. Aus einem einfachen Grund: Die Deutschen haben ihr Judenkonto weit überzogen. Allein die Zeit, die Kraft und die Mühen, die sie zwischen 1933 und 1945 in die Lösung der Judenfrage investiert haben, würden eine Auszeit von – sagen wir – 120 Jahren rechtfertigen. Gemessen an den über 400 Jahren seit Luther, in denen der Judenhass eine wichtige Quelle des deutschen Geisteslebens war, wäre das eine angemessene Indikation.

Ich weiß natürlich: Das geht nicht. Schon deswegen, weil die jüdischen Hiwis des real existierenden Antisemitismus, der sich als Antizionismus einen Schleier zugelegt hat, dankbar die

Lücken füllen würden. Sie tun es schon heute, der Vorreiter der deutsch-französischen Aussöhnung, Alfred Grosser, dem erst im fortgeschrittenen Alter eingefallen ist, dass er ein Jude sein könnte; der Bruchpilot Avraham Burg, der als Sohn genauso vom Image seines toten Vaters zehrt, wie es die missratene Tochter von Heinz Galinski in Deutschland tut, der Politikprofessor aus Haifa, der mit einem Buch über die »ethnische Säuberung« Palästinas durch die Zionisten sich in die blutenden Herzen der Deutschen geschrieben hat, die ganz große Augen machen, wenn man ihnen sagt, es seien mehr Juden aus arabischen Ländern nach Palästina vertrieben worden als Araber aus Palästina. Was an sich auch schon ein Euphemismus ist, denn viele Palästinenser wurden von Ramallah nach Ramle und von Haifa nach Hebron »vertrieben«, sind also innerhalb von Palästina geblieben.

Und jetzt kommen Sie, Kollege Follath, und rufen mir zu: »Kommen Sie mir nicht mit der ständigen Bedrohung durch die Nachbarn. Auch andere Nationen sind bedroht und werden gezwungen, sich den Anforderungen der Vereinten Nationen zu unterwerfen – oder müssen sich jedenfalls scharf kritisieren lassen, wenn sie das nicht tun.«

Das meinen Sie nicht ernst, oder?

Es gibt nur zwei Nationen, die inmitten eines Untergangsszenarios leben: Israel und Tuvalu. Tuvalu wird vom steigenden Meeresspiegel bedroht, wenn es ganz schlimm kommt, wird man 12 000 Menschen auf eine andere Insel oder nach Australien evakuieren müssen. Die Gefahr, der die Tuvaluer ausgesetzt sind, hat die Teilnehmer der Klimakonferenz in Kopenhagen zu Tränen gerührt. Die Gefahr, in der Israel seit seiner Gründung lebt, lässt kluge Menschen wie Sie »Kommen Sie mir nicht mit der ständigen Bedrohung durch die Nachbarn!« rufen.

Sie kennen nicht die Erklärungen der Arabischen Liga, die reden von Abdel Nasser und Hafez Assad, Sie haben nicht einmal einen Blick in die Programme von Hamas und Hisbollah geworfen.

Gelegentlich fehlt den Israelis in der Tat die Gabe, zwischen wirklicher und eingebildeter Bedrohung zu unterscheiden. Man sieht es einem Palästinenser nicht an, ob er zum Shoppen nach Kfar Saba unterwegs ist oder sich lieber in Herzlija in die Luft sprengen möchte. Dass es deswegen an den Checkpoints zu Schikanen kommt, ist unfair, aber unvermeidlich, es sei denn, die Hamas beziehungsweise die PLO schaffen es, die Attentäter zu entwaffnen, bevor sie sich auf den Weg machen.

Ich glaube auch nicht, dass Israel heute »durch die Nachbarn« bedroht wird, falls Sie damit Ägypten, Jordanien und den Libanon meinen. Aber da gibt's noch andere Nachbarn, die nur ein paar Raketenminuten entfernt leben und nicht an eine friedliche Koexistenz glauben. Erinnern Sie sich noch an die irakischen Scud-Raketen, die in Tel Aviv eingeschlagen sind? Und kommen Sie mir jetzt nicht damit, die Drohungen, die der iranische Präsident ausstößt, seien nur Propaganda zum Hausgebrauch oder beruhen auf einem Übersetzungsfehler, wie es die deutschen Apologeten des iranischen Regimes immer wieder behaupten, die Iran-Fachfrau Katajun Amirpur vorneweg.

Ihre Unterstellung, Kollege Follath, beruht auf einem Denkfehler: Weil Israel noch immer existiert, kann die Bedrohung nur eingebildet sein. Das ist wie mit den Stalkern, die so lange als harmlos gelten, bis sie das Objekt ihrer Begierde umgebracht haben. Danach weiß man: Es war doch ernst gemeint.

Als in Sderot Raketen aus Gaza einschlugen, wurde Israel immer wieder ermahnt, Zurückhaltung zu praktizieren. Die »selbst gebastelten« Geschosse, hieß es, wären doch nur »Nadelstiche« und keine »existenzielle Bedrohung« für Israel. Nur: Wann fangen Nadelstiche an, die Existenz eines Landes zu gefährden? Wenn sie bis nach Tel Aviv reichen? Den Einwohner von Ulm möchte ich sehen, dessen Haus von Neu-Ulm aus beschossen wird und der sich mit dem Gedanken tröstet, es liege keine »existenzielle Bedrohung« vor – außer für ihn selber.

Und jetzt denken Sie eine kleine Runde nach und sagen mir dann, wie die »anderen Nationen« heißen, die ebenso wie Israel bedroht werden und sich trotzdem ordentlich benehmen? Liechtenstein? Osttimor? Sri Lanka? Gibt es noch ein Land, über dessen Existenzberechtigung ständig geredet wird, und sei es in der Form, dass ihm versichert wird, seine Existenzberechtigung sei nicht verhandelbar? In diesem einen Satz – »Auch andere Nationen sind bedroht und werden gezwungen, sich den Anforderungen der Vereinten Nationen zu unterwerfen« – kommt die ganze Lässigkeit und Nachlässigkeit eines Unbeteiligten zum Ausdruck, dessen Urteilsfähigkeit mit der Entfernung zum Ort des Geschehens wächst. Fehlt nur noch der Hinweis auf den Iran, der sich ebenfalls bedroht fühlt und sich trotzdem »den Anforderungen der Vereinten Nationen« unterwirft.

Ich finde es extrem nett von Ihnen, dass Sie mich nicht für die Reden und die Politik von Ariel Scharon verantwortlich machen. Im Gegenzug erkläre ich Sie für unschuldig an der Politik von Robert Mugabe und Silvio Berlusconi. Horst Seehofer bekommen Sie als Bonusprämie dazu. Und ich erkläre Ihnen gerne, womit ich 95 Prozent meiner Zeit verbringe: mit lesen und nachdenken. Die restlichen fünf Prozent gehen fürs Schreiben drauf und davon wiederum zwei Drittel bis drei Viertel auf Themen, die nichts mit Israel oder Juden zu tun haben. Ihre Wahrnehmung meines Œuvres ist ebenso verzerrt wie die des Nahostkonflikts. Ich kann Ihnen nur dringend die Lektüre meiner Geschichten aus den USA, Island, Indien und der Karibik empfehlen – wobei ich tatsächlich auch mal was über die älteste intakte Synagoge der Karibik auf Curaçao geschrieben habe. Dem stehen aber gleich zwei Geschichten aus dem Vatikan gegenüber.

Ich schwöre Ihnen bei der letzten Rumkugel aus dem Café Funk-Eck, dass es mir vollkommen egal ist, wie sich der »Zentralrat« nennt – Zentralrat der Juden in Deutschland, Zentralrat der deutschen Juden oder Schnarchnasen im Wachkoma.

Die Frage, ob Antisemitismus eine Variante der Fremdenfeindlichkeit ist, wird zwar immer noch gestellt, wurde aber längst beantwortet: ist sie nicht. Ebenso wenig wie die sogenannte Homophobie. »Heiteres Antisemitenraten« war eine Überschrift, die ich gewählt hatte. Ich bin erschüttert, dass Sie mir so viel Selbstironie nicht zutrauen. Ich war es, der Harald Schmidt nach dessen Nummer mit dem Nazo-Meter gegen den Vorwurf der »Verharmlosung« der Nazis verteidigt hat. Und ich war es – just for the record –, der den Generalsekretär des Zentralrates öffentlich zur Ordnung gerufen hatte, nachdem dieser gegenüber Thilo Sarrazin mehr als ausfallend geworden war. Also unterstellen Sie mir nicht Loyalitäten, die ich nicht pflege, und die Neigung zu Techniken, die ich nicht benutze.

Ich verstehe auch nicht, warum Sie sich bei mir darüber beschweren, wenn sich Netanjahu im Ton vergreift oder einer seiner Vertrauten einen Merkel-Mitarbeiter am Telefon verpöbelt. Das ist doch alles vollkommen irrelevant. So was kommt in den besten Regierungen vor. Was Sie an Shimon Steins Benehmen auszusetzen haben, müssen Sie mit ihm ausmachen. So viel ich weiß, hat er mit dem Ende seiner Dienstzeit auch seinen Wohnsitz in Berlin aufgegeben. Er lebt jetzt irgendwo bei Tel Aviv, besucht ab und zu das Café Mersand an der Ecke Frishman und Ben Jehuda und hört jeden Tag deutsche Opern auf seinem CD-Spieler. Während sein Vorgänger Avi Primor, der nicht nur ein Toupet trägt, sondern auch so redet, ein Dauergast in Deutschland ist. Er verdankt seine Beliebtheit beim deutschen Publikum vor allem dem Umstand, dass er genau das sagt, was es von ihm hören will. Er schläft auf einem Feldbett, an geraden Tagen bei der ARD, an ungeraden beim ZDF, um keinen Auftritt zu verpassen, zu dem er als »kritischer Israeli« gerufen wird. Diese Gattung hat überhaupt Hochkonjunktur. Eine ehemalige Spitzenfunktionärin der israelischen KP, die seit dem Fall der Mauer in Tübingen lebt und jede antizionistische Veranstaltung mit ihrer Anwesenheit bereichert, wurde vom Bundespräsidenten für ihre »humanitären Verdienste« mit dem Bundesverdienstkreuz Erster Klasse ausgezeichnet. Können Sie sich die Reaktionen in Deutschland vorstellen, wenn ein deutscher Exilant, der davon lebt, Deutschland schlecht zu reden, in Israel oder in den USA eine Verdienstmedaille erhalten würde? Im Fall der Tübinger Verdienstkreuzempfängerin hat die israelische Botschaft in Berlin nicht einmal eine Anfrage im Präsidialamt riskiert – aus Angst, die deutsch-israelischen Beziehungen zu belasten. So viel zu der Antisemitismus-Keule, die Sie, lieber Follath, auch über Ihrem Haupt spüren wollen.

Dass Amazon, Red Bull und Kauder den Begriff »Sonderbehandlung« gebrauchen, ohne daran zu denken, was er bedeutet, kann als Beleg für alles Mögliche dienen, nur nicht dafür, Ihren Fauxpas wegzuerklären. Erstens haben Sie promoviert, deswegen lege ich an Sie andere Maßstäbe an (so wie Sie es mit Israel tun, weil das Land eine Demokratie ist), zweitens haben Sie kein Recht, Ihre Frau zu verprügeln, nur weil ich es auch tue. Dass »Sonderbehandlung« in der Tat, wie Sie es sagen, in einen »unschuldigen« Sprachgebrauch übergegangen ist – der »Lebensraum« hat seine Unschuld längst wieder, die »Endlösung« steht noch auf der Warteliste – ist kein Fortschritt, sondern nur Ausdruck des gleichen verkommenen Bewusstseins, das »Wehret den Anfängen!« schreit, wenn irgendwo drei besoffene Neonazis aufmarschieren, aber die Klappe hält, wenn Hamas-Leute auf dem Ku'damm toben und »Zionisten raus aus Palästina!« brüllen.

Die Wiedergutwerdung des Begriffes »Sonderbehandlung«, den auch Sie in aller Unschuld wieder benutzen möchten, artikuliert den Wunsch zur Rückkehr zum Status quo ante Auschwitz, jener guten alten Zeit, als man auch im Chemieunterricht »bis zur Vergasung« sagen konnte, ohne damit eine makabre Assoziation zu provozieren. Israel als physisches, territoriales Gebilde steht dieser Sehnsucht nach Wiederherstellung des Status quo ante Auschwitz im Wege. Israel ist, neben vielem anderen, auch eine Demonstration des Versagens der Europäer, des Scheiterns der jüdischen Assimilation vor 1933. Dahin möchten die Europäer, allen voran die Deutschen, gerne wieder zurück. Deswegen wird ein Riesenbohei inszeniert, wenn ein paar neue Rabbiner ordiniert werden; wird gar ein jüdischer Friedhof restauriert, ist gleich vom Wiederbeginn jüdischen Lebens die Rede. Halleluja!

Aber: Es gibt keine Rückkehr zum Status quo ante, weder im wahren Leben noch in der Natur, schon gar nicht in der Geschichte. Die einzige Ausnahme, die zu funktionieren scheint, sind die operativen Eingriffe, mit denen sich muslimische Bräute vor der Eheschließung die verlorene Unschuld wiederherstellen lassen, um ihre und die Ehre ihrer Familien zu retten. Deswegen bleibt »Sonderbehandlung« nazistisch kontaminiert. Aber: Wenn Sie darauf bestehen, diesen Begriff benutzen zu müssen, wenn es Sie glücklich macht, an einem Tabu zu kratzen, dann tun Sie es einfach.

Das, was Sie »unterschwellige Agenden« nennen, ist im Prinzip das Einzige, das mich interessiert. Alles Übrige erfährt man bei den Pressekonferenzen der Ministerien und der Interessenverbände. Und das deutsch-jüdische Verhältnis steckt voller unterschwelliger Agenden, es ist eigentlich eine einzige unterschwellige Agenda. Das macht es so sexy und so morbid. Glauben Sie, bei der Woche der Brüderlichkeit würden die Redner einander die Wahrheit ins Gesicht sagen oder Frau Merkel und Herr Netanjahu bei ihren Treffen das artikulieren, was sie wirklich voneinander halten?

Das ist nicht das übliche Herumgeeiere im Dienste der Diplomatie, Wichtigtuerei unter Dreien, das ist das Gehabe in einer offenen Anstalt, wobei unklar ist, wer gerade wen verarztet: die Betreuer die Patienten oder die Patienten die Betreuer. Im deutsch-jüdischen Ärzte-Patienten-Kollektiv werden die Rollen ständig getauscht. Die Deutschen passen auf, dass die Juden nicht rückfällig werden, und die Juden revanchieren sich, indem sie die leidenden Deutschen trösten.

Auch Sie, lieber Follath, wollen getröstet werden, Sie saßen »mit der Auschwitz-Überlebenden Ida Löw weinend am Grab ihres Mannes«, Sie waren »in Dachau und Yad Vashem«. Nehmen Sie es mir nicht übel, aber das erinnert mich an den alten Witz: »Mein Opa ist auch im KZ ums Leben gekommen. – Wie denn? – Er ist besoffen vom Wachturm gefallen.«

Was wollen Sie damit sagen, dass Sie in Dachau und Yad Vashem waren? Dass Sie die Qualen der Ermordeten nachempfinden können? Dass Sie auch gelitten haben? Dass Sie einer »Sonderbehandlung« unterzogen wurden? Dass Sie zu einem Juden honoris causa mutiert sind? Dass Sie damit die Lizenz erworben haben, bei der Lösung der Palästina-Frage mitmachen zu dürfen? Niemand erwartet von Ihnen, dass Sie eine Schuld gestehen oder auch nur eine Scham empfinden. Wir beide, Sie und ich, genießen die Gnade der späten Geburt. Wenn es etwas gibt, wofür wir uns beide schämen müssten, dann ist es unsere Unfähigkeit, so laut zu brüllen, dass die zivilisierte Welt endlich etwas unternimmt, um das Regime der Mullahs in Teheran zu beenden, die ihr eigenes Volk als Geiseln genommen haben. Sie wissen, dass ich mich weigere, Auschwitz als Maßstab zu nehmen, weil uns dann alle Maßstäbe für Unmenschlichkeit verloren gehen. Und wenn Sie es noch genauer wissen wollen: Ich halte das, was heute im Iran geschieht, für schlimmer als das, was die Nazis angestellt haben. Nicht was die Qualität oder Quantität der Untaten angeht, sondern aus einem anderen Grund: Es geschieht alles bei hellem Tageslicht, vor unser aller Augen. Wir schauen zu, wir wissen Bescheid, wir unternehmen nichts. Die einen, weil sie klammheimlich mit den Mullahs sympathisieren, die anderen, um sie nicht noch mehr zu provozieren, eine Taktik, die sich schon gegenüber den braunen und roten Totalitaristen als extrem erfolgreich erwiesen hat.

Ich kann das Gerede von der Scham und der Schuld als späte Kollateralschäden der zwölf Nazi-Jahre nicht mehr hören. Der nächste »Antifaschist«, der in meinem Beisein »Nie wieder 33!« oder »Wehret den Anfängen!« ruft, bekommt von mir eins in die Fresse und ein One-Way-Ticket nach Teheran, dort kann er sich bewähren. Und ich bin nicht die Scham-Abladestelle für Leute, die vergessen haben, mit ihren Eltern abzurechnen. Nein, ich meine nicht Sie persönlich, das war eine allgemeine Feststellung.

Ich habe, da haben Sie recht, den Lackmus-Test für Antisemitismus nicht erfunden. Ich hätte gerne das Feuer, das Rad oder wenigstens den Geschlechtsverkehr erfunden, aber leider war schon alles da, als ich auf die Welt kam. Auch der Antisemitismus, der mir zum ersten Mal im Alter von sechs Jahren in Polen entgegenkam, als ich eingeschult werden sollte. Luegers Satz: »Wer Jude ist, bestimme ich«, muss jetzt vom Kopf auf die Füße gestellt werden. Und deswegen sage ich: »Ich kann sehr wohl erklären, wer ein Antisemit ist«: Ein Rabauke wie Horst Mahler, der den Holocaust leugnet, ein Feingeist wie Henning Mankell, der Israel das Existenzrecht abspricht, und ein Schwadroneur wie Norman Paech, der als außenpolitischer Sprecher der Bundestagsfraktion der »Linken« fast ausschließlich mit der Palästina-Frage beschäftigt war und die Kassam-Raketen, die in Sderot eingeschlagen sind, als Silvesterkracher verniedlicht hat.

Es ist ganz einfach. Bis jetzt haben die Antisemiten bestimmt, wer Jude ist. Jetzt bestimme ich, wer ein Antisemit ist. So was nennt man historische Gerechtigkeit.

Ihr
Henryk M. Broder

Neunter Brief

Lieber Kollege Broder,

dass Sie sich so sehr um Tuvalu und sein Hauptatoll Funafuti ängstigen, wusste ich gar nicht und ja, ich sage offen: Es rührt mich. Müssen Sie aber gar nicht. Tuvalu besitzt 200 funktionsfähige Atombomben, unterdrückt erfolgreich die umliegenden pazifischen Inselvölker und hat Zäune rund um sein Territorium errichtet – da dürfte nicht viel passieren, Funafuti geht nicht an Fidschi und es geht nicht futschi. Dagegen muss man sich um diesen schwächlichen zweiten Staat, den Sie nennen, den, der im Nahen Osten hilflos und wehrlos und ohne mächtige Freunde pazifistisch vor sich hintreibt, tatsächlich existenzielle Sorgen machen. Wenn Israel nicht bald geografisch oder mindestens moralisch etwas höhergelegt wird, könnte es baden gehen. Klimawandel, wo man hinsieht. Und keiner tut was dagegen.

Mensch, Broder, nehmen Sie doch mal bitte zwischendurch ein paar Fakten zur Kenntnis, wenn Sie in der Welt zwei (wirklich nur zwei?) akut gefährdete Nationen »im Untergangsszenario« ausmachen. Zum Beispiel folgende: Diese armen 12000 Südsee-Insulaner müssen tatsächlich in absehbarer Zeit evakuiert werden. Israel mit seinen 7,5 Millionen Einwohnern (ich darf doch die 20 Prozent Nicht-Juden mitzählen, Lieberman hat sie meines Wissens noch nicht zwangsevakuiert) ist die bei Weitem stärkste Militärmacht in Nahost, nuklear hochgerüstet; dass irgendjemand Israel militärisch angreift, ist trotz aller Verbalhurereien einzelner Herren höchst unwahrscheinlich, die angebliche Existenzbedrohung Israels ist eine Schimäre und weitestgehend – jedenfalls bei vielen scharfmacherischen Politikern in Tel Aviv – ein mit dem Holocaust-Syndrom unterlegter Vorwand, die eigene Kompromissunfähigkeit zu begründen. Premier

Netanjahu hat bei seiner Rede vor der Uno kürzlich das Hitler-Deutschland von einst mit dem Iran von heute zu einer Einheit verschmolzen – fünfmal in seinen ersten 30 Sätzen tauchte das »Nazi«-Wort auf; dann setzte er Teheran mit der Qaida gleich, als würden sich die sunnitischen Terroristen und die Schiiten in ihren Konzepten nicht unterscheiden. Dem gegenüber, einsam und allein: das in jeder Beziehung exzeptionelle Israel. Und das soll keine Vernichtungspsychose sein? Kein Einzigartigkeitstrauma? Bei aller berechtigten Empörung über unfähige und gelegentlich auch militante iranische und palästinensische Politiker: Den Würgegriff gegenüber der Bevölkerung von Gaza, ihre unmenschlichen Lebensbedingungen ausschließlich den Scharfmachern der Hamas in die Schuhe zu schieben, fällt mir fast ebenso schwer wie den Vereinten Nationen.

Ich weiß nicht, was es ist. Mir gegenüber geben Sie den uneinsichtigen Entweder-oder-Broder, anderweitig geben Sie – entschuldigen Sie die leicht ehrenrührige Formulierung – geradezu die Stimme der Vernunft. Zum Beispiel in Ihrer hellsichtigen Auseinandersetzung mit dem Zentralrat der Juden in Deutschland, dessen Vorsitzender Sie ja nun leider ebenso wenig werden wie Borat der Chef der Deutschkasachen. Oder Sie spielen großzügig und weltgewandt den Broadway-Broder, wie bei Ihrem kürzlich im Magazin der »Süddeutschen Zeitung« veröffentlichten Streitgespräch mit dem Großschriftsteller Maxim Biller (»Der gebrauchte Jude«), der ja stündlich mit dem Literaturnobelpreis zu rechnen scheint und nicht in die USA reisen wollte, weil ihn dort in New York so zweitklassige Autoren »wie John Updike und Philip Roth« mit ihren »Kunstgewerbe«-Werken belästigen könnten. »Ich hätte große Probleme mit den beiden gehabt«, sagt Biller. Broder darauf: »Die mit dir keine; sie hätten dich nicht mal wahrgenommen.« Schöne, klare Worte.

Schade, dass Sie diesem vor Selbstgefälligkeit triefenden Weltschmerz- und Wehleidigkeits-Egomanen – der ständig mit der Existenz hadert, während Sie nur mit Ihrem Übergewicht hadern – bei dieser Gelegenheit nicht auch seinen letzten Kommentar aus der »Frankfurter Allgemeinen Sonntagszeitung« um die Ohren gehauen haben. »Moralische Geschichten« heißt die Rubrik, in der Biller sich diesmal in den Bundesaußenminister hineinversetzt. Natürlich geht es um Juden und Deutsche, nur deshalb erzähl ich's. Er schreibt im Namen Guido Westerwelles ein Tagebuch über dessen Israel-Besuch. Das klingt dann so: »Hier in Yad Vashem gefällt es mir sehr gut, wirklich, eine tolle Idee, so eine von Juden organisierte Holocaust-Ausstellung. Ich habe sogar Fotos von ein paar total hübschen jungen Kerlen gesehen, echt ein Jammer, was mit ihnen passiert ist.«

Westerwelle betrachtet also laut Biller in der Stätte des Gedenkens an die Nazi-Opfer die Fotos ermordeter jüdischer Männer – und sieht Sexualobjekte, »hübsche, junge Kerle«. Verliert man sein Recht auf Menschenwürde bei Biller, wenn man Nicht-Jude ist? Wenn man Außenminister ist? Wenn man schwul ist? Reicht eines dieser Kriterien, oder muss man deutscher Außenminister und homosexuell sein und dann noch wagen, in wie vorsichtigen Formulierungen auch immer die israelische Siedlungspolitik zu kritisieren? Welche tief sitzenden Ressentiments, welche faschistischen Grundmuster, die der Autor so gern anderen unterstellt, brechen sich da ihre Bahn?

Nein, nein, ich rufe nicht nach Zensur. Soll Biller doch so etwas schreiben, soll doch der FAS-Chefredakteur so etwas drucken, wenn sie es beide humoristisch finden. Satire darf alles, kann alles. Sie kann lustig sein, treffen – und entlarven. Manchmal kann sie auch den Schreiber der Satire entlarven, wie in diesem Fall. Weiß doch jeder, mögen Sie sagen, Biller verkauft seine Großmutter, seine Schwiegermutter, seine Geliebte für eine schlechte Pointe. Das stimmt. Aber irgendwie froh bin ich doch, dass kein deutscher Muslim in Stürmer-Manier gegen Westerwelle vorgeprescht ist. Sonst hätte es womöglich doch einen richtigen Skandal gegeben – von wegen, was nehmen sich Islamisten hierzulande heraus, und stehen sie überhaupt auf dem Boden des Grundgesetzes und teilen sie unsere westlichen Grundwerte, wollen sie womöglich morgen früh in Sachsen-Anhalt die Scharia einführen. Oder, Gott behüte, sogar in Schleswig-Holstein. Das geht gar nicht, sonst werden ja alle unsere Pläne Makulatur, ein Land mit Scharia und Schador-Pflicht können wir nicht mal Scharon & Söhnen anbieten.

Broder, nein, nicht setzen, bleiben Sie doch aufrecht stehen! Nett, dass Sie mich nicht persönlich für Mugabe, Kim Jong Il, Chameini und Seehofer verantwortlich machen; nichts liegt mir ferner, als Sie mit Biller oder Gysi oder gar Friedman in einen deutsch-jüdischen Topf zu werfen, und natürlich müssen Sie sich von mir auch keine persönliche Nähe zu Netanjahu oder Lieberman unterstellen lassen. Obwohl diese Herren und Sie argumentativ manchmal nicht ganz weit auseinander liegen.

Damit komme ich zur Substanz Ihres letzten Briefes, wenn man das denn so nennen will. Sie rechtfertigen, erklären und entschuldigen jede Menschenrechtsverletzung an den Palästinensern mit Israels Existenzängsten und den »Terroristen« auf der anderen Seite. Man muss nicht jedes Detail des gut dokumentierten und durchaus auch gegenüber der Hamas kritischen Uno-Berichts von Richard Goldstone zum Gaza-Krieg für die letztgültige Wahrheit halten. Man muss nicht seine Schlussfolgerung teilen, es habe sich um einen »absichtlichen und unverhältnismäßigen Angriff, mit dem Ziel, die Zivilbevölkerung zu bestrafen, zu erniedrigen und terrorisieren« gehandelt. Aber ich finde es schon sehr kühn, dass ausgerechnet Regierungsmitglieder, die der Uno jede Kooperation bei den Untersuchungen verweigert haben, den südafrikanischen Juden Goldstone in Israel jetzt als »Antisemiten« abstempeln. Erstaunlich viele Israelis scheinen zu glauben, dass es so eine Art Weltverschwörung gegen Israel gibt (spiegelverkehrt zu den Juden-Hassern, die glauben, eine jüdische Lobby kontrolliere die gesamte internationale Politik). Und selbst die lange Zeit als friedfertig, kompromissbereit und vernünftig Eingeschätzten geben seltsame Dinge zu Protokoll. Nehmen Sie den israelischen Präsidenten und Friedensnobelpreisträger Schimon Peres, der vor dem Bundestag anlässlich der Holocaust-Gedenkfeier im Januar eine so ergreifende Rede hielt. Er wird immer mehr zum Hardliner, nennt den Goldstone-Bericht einen »Skandal«, beschimpft die Vereinten Nationen als bar jeder »Objektivität« und als »eine politische Organisation mit einer automatischen Mehrheit gegen Israel« – nur, um einige Sätze später von ebendiesen Vereinten Nationen endlich härtere Iran-Sanktionen zu verlangen. Und er glaubt allen Ernstes, Netanjahus Politik verteidigen zu müssen – als wisse er es nicht besser. Aber auch wer, wie so viele in Tel Aviv und Jerusalem, der Uno nicht über den Weg traut, ihren eigenen Soldaten sollten die Israelis doch wenigstens zuhören und entsetzt sein über das, was die über Schießbefehle gegen Zivilisten in Gaza berichten.

Alles spricht dafür, dass der Goldstone-Bericht in seinen wesentlichen Erkenntnissen richtig ist. Mehr als 1400 Palästinenser sind durch die dreiwöchige Militäraktion »Gegossenes Blei« Anfang 2009 ums Leben gekommen, darunter mindestens 400 Frauen und Kinder; dem steht der Tod von 13 Israelis gegenüber. 13 zu viel, ohne Frage. Aber allein schon die Größenordnung spricht eine klare Sprache. Ob es zu Kriegsverbrechen kam, ob es »nur« Verbrechen gegen die Menschlichkeit waren, mögen Juristen klären; ich glaube, das macht für die Kinder von Gaza wenig Unterschied. Und unbestreitbar ist doch auch, dass die israelische Armee Phosphormunition eingesetzt hat, deren Gebrauch in dicht besiedelten Gebieten international geächtet ist. Und dass auffällig viele zivile Einrichtungen, wie etwa die Brotfabrik, zerstört wurden.

Zu wie viel Selbstkritik ist Israel fähig? Anfang Februar 2010 wurde der internationale Druck so stark, dass die Regierung etwas für ihre internationale Reputation tun musste: Politiker und Offiziere sehen sich bei Reisen – etwa nach Großbritannien – von Verhaftungen bedroht. Die Anschuldigungen völlig zu ignorieren, ging nun nicht mehr. Und was taten Netanjahu & Co.? Sie bestritten weiterhin die Substanz der Vorwürfe, und sie ließen einen Brigadegeneral sowie einen Colonel »offiziell rügen«, die hätten ihre »Kompetenzen« bei einem Artilleriebeschuss in Gaza »überschritten«. Die Rüge führt keinesfalls zur Entlassung, es wird für die Herren nur möglicherweise etwas später mit der Beförderung. Aber wurden wirklich nur zwei Israelis zur Verantwortung gezogen? Nein, ein dritter, ein einfacher Soldat, wurde auch noch abgestraft – wegen Scheckbetrugs während seines Einsatzes. So viel zur Schein(heiligen) Selbstkritik.

Es wäre jedenfalls schön, wenn nicht alle Nahost-Berichte immer so anfangen müssten: »Ungeachtet internationaler Kritik hat Israel beschlossen ...« Sie dürfen jetzt einige Nachrichten der ersten Wochen im Jahr 2010 herausgreifen und entscheiden, wie Sie fortfahren wollen. Ein paar Vorschläge: »... im arabischen Ostteil Jerusalems 700 neue Wohnungen zu errichten«. Oder: »... den Bericht der Uno zum Gaza-Krieg empört als einseitig zu bezeichnen und empört zurückzuweisen ...« Oder: »... den US-Sondergesandten George Mitchell unverrichteter Dinge zurück nach Washington zu schicken.« Nachdem Netanjahu Ende Januar 2010 den Amerikanern noch vage »interessante Vorschläge« konzidiert hatte, fand es der israelische Premier angemessen, Barack Obama und dessen Vermittler auch noch öffentlich zu brüskieren. Er fuhr nur einige Stunden nach Mitchells Besuch in die Siedlung Etzion südlich Jerusalems, setzte am israelischen Tag der Arbeit symbolisch einen Baum in den Boden und sagte: »Unsere Botschaft ist klar: Wir pflanzen hier, wir bleiben hier, wir bauen hier. Dieser Platz wird immer ein untrennbarer Teil unseres Staates sein.« Dann kündigte er an, in weiteren Siedlungen wie Maale Adumim und Ariel weitere Bäume zu pflanzen. Na toll, müssen sich da doch die Kompromissbereiten unter den Palästinensern gedacht haben: Worüber sollen wir denn mit Israel sprechen, wenn ein gut Teil der Verhandlungsmasse schon vor möglichen Gesprächen vom Tisch verschwunden ist?

Sie fragen mich, warum ich denn eine Zwei-Staaten-Regelung im Nahen Osten gut fände, wo doch (angeblich) Vergleichbares in Europa gescheitert sei. Ich bin mir gar nicht sicher, ob ich das so gut finde. Aber mir fehlt die Fantasie für andere Konzepte. Ewige Besatzung? Wiedereinmarsch in Gaza? Einrichten im Status quo, in dem sich beide Seiten weiter einmauern und gegenseitig bekriegen oder zumindest demütigen? Viele Israelis neigen letzterem Konzept zu: Eine Auszeit von den hochfliegenden und umfassenden »Lösungsplänen in Nahost« zu nehmen, das klingt verlockend. Vor allem, wenn die Zeit für einen zu arbeiten scheint, wenn Mauern den schlimmsten Terror abhalten, wenn Siedler tatsächlich neue »Tatsachen« schaffen, wenn die Palästinenser sich weiter durch Selbstzerfleischung paralysieren. Aber ich bin nicht sicher, ob die Uhr wirklich für Israel tickt, ob Juden auf die Dauer wirklich in einem Gemeinwesen leben wollen, das sich so weit von ihren Idealen entfernt hat, ob eine Mehrheit auf die Dauer das apokalyptische Bedrohungsszenario Netanjahus glaubt (»Es ist 1938, Teheran ist München«) – von demografischen Entwicklungen und der Integration arabischer Israelis mal ganz abgesehen. Ob sie sich nicht darauf besinnen, auf das stolz zu sein, worauf es sich für Israelis stolz zu sein lohnt; beispielsweise die freie Presse und den unabhängigen Obersten Gerichtshof, der allerdings gerade schwer unter Beschuss der israelischen Rechten steht.

Übrigens: Ich würde immer noch nicht ausschließen, dass Obama in nicht allzu ferner Zeit ein Machtwort spricht, wenn er sein eigenes Renommee zu sehr beschädigt sieht: Er hat von der Finanz- bis zur Militärhilfe alle Mittel in der Hand. Und irgendwann könnte es dem überaus geduldigen und über beide Ohren mit anderen Problemen im In- und Ausland zugedeckten US-Präsidenten reichen. Beispielsweise, wenn er wieder einmal hört, wie rassistisch ein israelisches Regierungsmitglied den amerikanischen Nato-Verbündeten (und langjährigen israelischen Verhandlungspartner) Türkei behandelt hat: Vize-Außenminister Danny Ayalon ist da wirklich eine Meisterleistung geglückt, als er den Botschafter Ankaras Oguz Celikkol wegen einer angeblich antisemitischen Soap-Opera im türkischen Fernsehen zu sich einbestellte, dann warten ließ und schließlich auf ein deutlich niedriges Sofa setzte. Vor laufenden Kameras forderte er dann die israelischen Journalisten auf, den Unterschied in der Höhe auch deutlich abzubilden: »Die Leute sollen sehen, dass er unten sitzt und wir oben, und dass hier nur eine Fahne steht.« Auch wenn er sich später für seinen Sofa-Fauxpas entschuldigt hat: So ein Typ wie Ayalon dürfte doch nie auch nur in die Nähe eines Kabinettspostens geraten. Ein würdiger Lieberman-Zögling – wir erinnern uns, der israelische Außenminister wollte die Araber ja am liebsten allesamt ins Meer jagen.

Apropos demokratische Ideale und Gemeinsamkeiten: Nun gab es am 18. Januar 2010 doch eine Premiere. 65 Jahre nach dem Ende des Zweiten Weltkriegs sind in Berlin die Bundesregierung und die fast vollständige israelische Regierung zu einer gemeinsamen Sitzung zusammengekommen (was müssen Sie da in Jerusalem und Tel Aviv aufgeatmet haben, fast 24 Stunden lang ohne dieses Horror-Kabinett!). Natürlich ist so eine Geste, ansonsten den demokratisch unangreifbaren Franzosen vorbehalten, eindrucksvoll, nützlich, schön, eine ganz besondere Versöhnung; prächtig seien die Beziehungen, versicherten beide Seiten, so gut wie gar nicht mehr belastet (und damit doch eigentlich auch belastbar?). Westerwelle und Lieberman bekundeten, gemeinsame Ideale zu verfolgen und wollten »die Kulturbeziehungen der beiden Länder verstärken«. Dass Amnesty International am gleichen Tag an Israel appellierte, die Blockade des Gaza-Streifens aufzuheben, weil die »kollektive Bestrafung« von 1,5 Millionen Palästinensern »nicht mehr hinnehmbar« sei, war nicht einmal eine Randnote. Kein Wort der Kritik an Israel – wieder einmal mochte sich die Bundeskanzlerin bei der Pressekonferenz zur Siedlungspolitik nicht äußern. Ob sich Jerusalem von deutlichen Worten ausgerechnet aus Berlin beeindrucken ließe, weiß ich nicht. Der von Ihnen so wenig geschätzte Professor Alfred Grosser glaubt, Deutschland könne sehr leicht Druck ausüben, »indem es die Finanzierung israelischer U-Boote in Frage stellt« – wir werden es jedenfalls während der Israel-darf-sich-alles-leisten-Regierungszeit von Angela Merkel nicht erfahren.

Eine Leisetreterei mit Folgen, wie beispielsweise die angesehene Kommentatorin Judy Dempsey meint. »Indem Merkel Israel so umarmt, verliert sie an Einfluss«, stellt sie, nein, nicht in einer deutschen Zeitung, sondern in der »International Herald Tribune« fest. »Mrs Merkel hat sich für ihre eigene, eigenwillige Politik gegenüber Israel entschieden, sie verfolgt nach den Gaza-Bombardierungen eine Spezialbeziehung. Das bedeutet, dass Israel, von EU-Staaten viel kritisiert, immer einen Sonder-Alliierten in Europa haben wird. So wird Europa für die vorhersehbare Zukunft unfähig bleiben, einen Beitrag zum Ende des israelisch-palästinensischen Konflikts zu leisten.« Man kann's natürlich auch anders formulieren, stolz wie die Springer-Zeitungen: »In Israel wird Deutschland inzwischen als verlässlichster Partner angesehen.« Klar: als verlässlichster, bequemster, weil unkritischster.

Lieber Kollege Broder: Warum Deutschland sich angesichts solcher bedenklichen Einseitigkeit auch noch bei der Verleihung eines Bundesverdienstkreuzes von Jerusalem hereinreden lassen soll, wie Sie indirekt anregen, ist mir schleierhaft. Sie haben Ihre Gründe, Felicia Langer nicht einer solchen Auszeichnung für würdig zu halten und haben diese Gründe publiziert; damit habe ich keine Probleme. Ob die karitative Lebensleistung Frau Langers ihre kommunistische Vergangenheit und ihre möglicherweise blauäugige pro-palästinensische Einseitigkeit kompensiert, ob eine solche Ehrung also angemessen ist oder nicht, können wir hierzulande gern kontrovers diskutieren. Aber nicht mit den Israelis, die auch nationale Ehrenmedaillen verteilen, die sie sich meines Wissens nicht von Berlin genehmigen lassen.

Und nun zu meinem ICH, ÜBER-MICH und ES, das Sie als Freud-Jünger so tapfer ergründen wollen, mit meiner unterschwelligen Schuld und meinen angeblichen Obsessionen mit Israel. Es mag das alles geben. Aber ich denke eigentlich, auch wenn ich ziemlich tief in mich hineinhöre, ich betrachte das Land einigermaßen nüchtern. (Sie sehen, ich habe immer noch Schwierigkeiten mit Ihrer Annahme, dass nicht empfundene Schuld ein Beweis für eine tatsächlich vorhandene ist.) Als Student habe ich im Kibbuz gearbeitet, weil es interessant war und weil man zumindest Taschengeld bekam und sich anschließend Jerusalem angucken konnte, so wie ich mir dann später auch die Pyramiden, das Tadsch Mahal, Isfahan und Machu Picchu angeschaut habe; als Journalist fand ich Israel immer ein besonders auf- und anregendes Berichtsgebiet, gelegentlich nervend, aber nie langweilig. Wahrscheinlich liegen Sie in einem Punkt nicht falsch: Ich fühle mich von Israel und den Israelis angezogen und zugleich abgestoßen; das gilt auch für mein Verhältnis mit den Indern oder Iranern. Dass dies irgendetwas mit Besessenheit zu tun hat, weil »die Juden sich weigern, aus der Geschichte zu verschwinden, obwohl sie damit einen wesentlichen Beitrag zur Befriedung des Nahen Ostens und der ganzen Welt leisten können«, wie Sie schreiben – ich glaub's eher nicht.

»Ich will mein Unterbewusstsein nicht analysieren, das mache ich lieber bei anderen«, zitiert Sie Birk Meinhardt in seinem Porträt für die »Süddeutsche Zeitung« und berichtet davon, Ihre Mutter sei in Auschwitz gewesen, und Sie hätten in der Nacht oft aufstehen müssen und Ihrem Vater ins Gesicht schlagen, damit er aus seinen Träumen aufwache. Sie hätten eher als ich einen Anspruch darauf, traumatisiert zu sein. Aber ich vermute, dass Sie die Erzählungen über dass Schicksal Ihrer Eltern schon bereut haben, dass Sie so etwas sehr selten und wenn, dann nur in sehr schwachen Stunden machen. Sie bestehen geradezu obsessiv darauf, nicht traumatisiert zu sein. In einer Ihrer jüngsten Polemiken (gegen diejenigen Feuilletonisten, die Sie wegen Ihrer pauschalen Islam-Kritik einen »Hassprediger« genannt haben) schreiben Sie von Ihrem eigenen Hass auf die »Jammerjuden, die in jeder Talkshow erzählen, wie viele Angehörige sie im Holocaust verloren haben und wie sehr sie sich heute vor der NPD fürchten«. So einer wollen Sie nicht sein, sondern »aggressiv und offensiv«, ihre persönliche Geschichte gebe Ihnen »keinen Bonus und keinen Malus« und Sie legen sich nach eigenen Worten wie Ihre islamkritischen »Schwestern Kelek und Ates mit den Milieus an, aus denen wir kommen. Und außerdem brauchen wir niemanden, der für uns spricht.«

Den brauchen Sie nun wirklich nicht. Sie sind kein Hassprediger, obwohl Sie gelegentlich ziemlich weit unter der Gürtellinie zuschlagen und obwohl ich finde, dass Sie Avraham Burg nicht als gescheiterten »Sohn« diffamieren sollten – das ist er nicht, und für unsere Väter, da waren wir doch schon mal einig, können wir im Positiven wie im Negativen gar nichts. Nein, Sie brauchen niemanden. Sie sind der selbst ernannte Henryk Taliban Broder, Primadonna und Prima-Pointen-Produzent mit einer mir gelegentlich suspekten, aber deutlich erkennbaren, unverkennbaren politischen Schlagseite. Sie hätten in anderen Zeiten ein Hofnarr sein können, so einer wie Kunz von der Rosen im 15. Jahrhundert bei Kaiser Maximilian oder Joseph Fröhlich (hieß wirklich so) bei August dem Starken: die dienten als politisches Korrektiv und durften den Mächtigen alles sagen. Sie waren sehr schlau, sehr outspoken – und sie gaben sich nur manchmal begriffsstutzig. Und gelegentlich stellten sie für ihre Herrscher über deren Untertanen so etwas wie Unbedenklichkeitsnachweise (ein sehr deutsches Wort) aus.

Sie, Broder, greifen in Ihrer Selbsteinschätzung bedauerlicherweise eine Schublade tiefer und kokettieren damit, ein »Pausenclown« in Deutschland zu sein, jedenfalls bezeichnen Sie sich so im Gespräch mit dem nun wirklich absolut ironiefreien Maxim Biller. »Aber du bist es auch«, sagen Sie zum Großschriftsteller. »Mit dem Unterschied, dass ich einen Mehrwert daraus ziehe und du ein Drama daraus machst.« An anderer Stelle erwähnten Sie mal, Sie fühlten sich nicht im Vorteil ihrer jüdischen Herkunft wegen, die Deutschen seien für manche Polemik einfach zu feige. Und erzählten die schöne

Geschichte vom Ästhetikprofessor Bazon Brock. Lieber Herr Broder, meinte der, ich wäre so gern auch ein Jude. – Warum denn bloß? – »Weil ich dann sagen könnte, was ich denke.« Oder nehmen Sie den deutsch-jüdischen Komödianten Oliver Polak, der sich so geschmacklose, erfrischende Sätze leisten kann wie den: »Lassen Sie uns heute Abend eine Vereinbarung treffen: Ich vergesse die Sache mit dem Holocaust, und Sie verzeihen uns Michel Friedman.«

Eigentlich müssten Sie voll der Bewunderung für mich sein: Ich habe keinen landsmannschaftlichen Bonus und empfinde keinen Malus und erlaube meinem Unterbewusstsein, frank und frei zu sagen, was ich denke. Sie haben netterweise angedeutet, Sie könnten mich zum Juden honoris causa machen. Danke, ist ein verlockender Gedanke, aber will ich gar nicht. Und um Jahwes willen, nein, ich nehme keinesfalls anmaßend in Anspruch, die Qualen der Ermordeten nachempfinden zu können, nur weil ich in Dachau und Yad Vashem war. Ich will getröstet werden? Aber wie kommen Sie denn darauf, womöglich von Ihnen? Mein Opa ist gar nicht vom KZ-Wachturm gefallen, wie Sie vermuten, sondern im Ersten Weltkrieg.

Sie finden das, was heute im Iran geschieht, schlimmer als das, was die Nazis angerichtet haben, weil es bei »hellem Tageslicht geschieht«? Na, na, auch in Teheran geht die Sonne unter und es wird, wie gelegentlich in litauischen CIA-Gefängnissen, nachts gefoltert. Sie wollen, dass die »zivilisierte Welt endlich etwas unternimmt, um das Regime der Mullahs zu beenden«? Nur los, die zivilisierte Welt erwartet sinnvolle und machbare Vorschläge. Den Iran in die Steinzeit zurückzubombardieren, wie es einige sehr einflussreiche Ihrer israelischen Freunde um Schimon Stein so gern hätten, gehört übrigens nicht zu diesen überlegenswerten Anregungen – aus praktischen Gründen, weil man die untertunnelten Atomanlagen schwer ausschalten kann, weil dann endgültig der Nahe Osten brennt und weil, das nur nebenbei, ein landesweites wochenlanges Flächenbombardement auch noch ein paar moralische Probleme bietet. Glauben Sie mir, nicht jeder, der das sagt – so wie ich –, predigt deshalb Appeasement oder sympathisiert klammheimlich mit den Mullahs. Oder ist Antisemit, ein Begriff, über den Sie nun in Ihren letzten Zeilen an mich endgültig die Deutungshoheit beanspruchen.

Hurra, wir (re)kapitulieren: Recht ist, wo Sie sind, da wird in einer Diskussion nicht zurückgekumpelt, darauf kann man sich verlassen. Mit Ihnen macht das Streiten Spaß, besonders dann, wenn man zum Masochismus neigt. Aber wollen wir uns das Antisemitismus-Bestimmungsrecht nicht doch fairerweise teilen? Darf ich an ungeraden Tagen? Oder wenigstens jedes vierte Jahr am 29. Februar? Wir könnten jedem, den wir als kontaminiert erkannt haben, einen grünen Punkt verordnen, den er dann am Revers tragen muss. Ach, einen grünen Punkt gibt's schon? Na, dann einen gelben. Oh Gott, so etwas Ähnliches gab es ja auch schon. Dieses Deutschland: Fettnäpfchen, wohin man tritt.

Für vollkommen unbedenklich, geradezu hocherfreulich dagegen halte ich den von Ihnen angeregten Verzicht auf jüdische Volksmusik bei unserem unkoscheren gemeinsamen Essen, das nun hoffentlich bald zustande kommt. In deutschen Restaurants kann man nie ganz sicher sein, ob es nicht unvermittelt losklezmert, eine der verunglücktesten Formen der Wiedergutmachung. Es ist einer der zahlreichen und unbestreitbaren Vorteile thailändischer und chinesischer Restaurants, dass die Klezmer-Gefahr gering ist. Ich finde allerdings, wir sollten uns – als bekannte Meister der leisen Töne – nicht auch noch um das Bezahlen streiten. Bei dem hohen Unterhaltungswert unserer Beiträge für die Chefredaktion wird das als SPIEGEL-Informationsgespräch abgerechnet. Sagen Sie, wann und wo?

Mit freundlichen Grüßen,
Ihr
Erich Follath

Zehnter Brief

Lieber Kollege Follath,

es sieht aus, als würde sich unser Notenwechsel seinem Ende zuneigen. Das finde ich einerseits schade, weil es mir Spaß gemacht hat, mich mit Ihnen zu streiten; Sie sind nicht nur eine alte Lok, die immer wieder Dampf ablassen muss, Sie sind – anders als einige unserer Kollegen – kein Übelnehmer, das rechne ich Ihnen hoch an. Andererseits, man soll aufhören, wenn es am schönsten ist. Was gesagt werden musste, wurde gesagt, bis auf ein paar Kleinigkeiten, die ich Ihnen noch auf den Weg mitgeben möchte.

Ich habe mich geirrt. Es sind nicht zwei Staaten vom Untergang bedroht, sondern nur einer. Die Sache mit Tuvalu gehört zum Panik-Programm der Ökologen, die auch das Verschwinden der Himalaya-Gletscher und das Aussterben der Eisbären herbeifantasiert haben, weil sich mit solchen Szenarien viele Planstellen, viele Kongresse und viele Reisen finanzieren lassen. Bleibt nur noch ein Land beziehungsweise Staat: Israel.
Während Sie, lieber Kollege, die hysterischen Auftritte der Ökologen ernst nehmen, schieben Sie die Gefahren, die Israel drohen, ins Reich der Illusionen ab. Ich bewundere Ihre Gelassenheit, vor allem deswegen, weil ich sie nicht teilen kann.

Sie schreiben, die »angebliche« Bedrohung Israels wäre eine »Schimäre«; in der Literatur würde man eine solche Formulierung einen »Weißen Schimmel« nennen, wir Rheinländer sagen dazu: doppelt jemoppelt. Entweder angeblich oder Schimäre. Eine angebliche Schimäre ist keine, sondern etwas Reales.

Von solchen semantischen Feinheiten abgesehen: Sie liegen so daneben, danebener geht's nimmer. Natürlich ist Israel die stärkste Militärmacht im Nahen Osten und atomar aufgerüstet, baruch haschem!

Wäre Israel auf den Schutz der britischen Salvation Army oder der deutschen Friedensbewegung angewiesen, gäbe es kein Israel mehr. Die arabischen Nachbarn Israels haben bis jetzt etwa ein halbes Dutzend Niederlagen gegen Israel überlebt, Israel kann sich keine einzige Niederlage leisten, sie wäre letal. Aus der richtigen Beobachtung, dass Israel stark ist, ziehen Sie den Schluss, dass es nicht bedroht ist. Das ist abenteuerlich, sozusagen der Superlativ von »daneben«, am danebensten. Sie kämen doch nie auf die Idee, sich vor den Tresor Ihrer Bank zu stellen und zu sagen: Dieser Tresor ist so gewaltig, die Bank soll sich von der angeblichen Schimäre verabschieden, dass sie jemand überfallen möchte. Wenn es aber um Israels Sicherheit geht, ziehen Sie genau diesen Schluss und beweisen wieder einmal, dass auch intelligente Menschen den Zusammenhang von Ursache und Wirkung nicht begreifen, wenn es um Israel geht. Da setzt was aus. Das find ich irre.

Sie schreiben, »dass irgendjemand Israel militärisch angreift, ist trotz aller Verbalhurereien einzelner Herren höchst unwahrscheinlich«; da bin ich ganz Ihrer Meinung. Israel droht kein militärischer, sondern ein atomarer Angriff, das ist eine ganz andere Nummer als die Schlacht um Sharm El-Sheikh. Ohne historische Analogien überzustrapazieren, will ich Sie doch daran erinnern, dass es noch einige ältere Deutsche gibt, die sich an die »Verbalhurereien einzelner Herren« gut erinnern können, die seinerzeit mit dem Satz abgetan wurden, es werde nichts so heiß gegessen, wie es gekocht wird. Wenn ich Ihr Nachbar wäre und Ihnen immer wieder quer über die Straße zurufen würde, bald werde der Tag kommen, da man Ihren Hund vergiften, Ihr Haus abfackeln und Sie umbringen wird, würden Sie sich dann mit dem Gedanken trösten, es wären doch nur »Maulhurereien«, die Sie nicht ernst nehmen müssten?

Es könnte in der Tat sein, dass es nur »Maulhurereien« sind, das will ich nicht ausschließen; sie aber als »unwahrscheinlich« abzutun, kommt mir doch etwas frivol vor.

Was wäre, wenn die »Maulhurereien« doch ernst gemeint und nur das Vorspiel zur Tat sind? Würden Sie in diesem Fall die Verantwortung für die Konsequenzen übernehmen und den Israelis sagen: Sorry Leute, hab mich geirrt, es klang alles so »unwahrscheinlich«? Ein viel höherer Grad von »Unwahrscheinlichkeit« hat immerhin fast alle Staats- und Regierungschefs dieser Welt dazu gebracht, den Anstieg der Erderwärmung auf zwei Grad Celsius festzulegen. Wegen Tuvalu und der 12 000 Inselbewohner, die im schlimmsten Falle umgesiedelt werden müssten.

Wir könnten uns lange über Gaza und die »unmenschlichen Lebensbedingungen« dort streiten. Am Ende kämen wir beide vermutlich zu der Einsicht, dass die Lebensbedingungen nicht ideal aber auch nicht unmenschlich wären, wenn die Palästinenser nach dem Abzug der Israelis darauf verzichtet hätten, weiter gegen die »Besatzung« zu kämpfen und Raketen auf Sderot abzuschießen; sie waren so damit beschäftigt, den zionistischen Feind in die Ecke zu treiben, dass sie bei dieser Gelegenheit auch die Gewächshäuser zerstören mussten, die die Israelis intakt zurückgelassen hatten. Aus purer Verzweiflung über die Gemeinheit der Zionisten.

Was Sie, lieber Follath, ebenfalls generös übersehen, das ist der Unterschied zwischen dem israelischen und dem palästinensischen Nationalismus. Der israelische ist aggressiv und auch expansiv, der palästinensische aber nur destruktiv. Der israelische hat die Herstellung und Bewahrung der eigenen Souveränität als Ziel, der palästinensische die Zerstörung der Souveränität der anderen. Schon möglich, dass die Palästinenser einen eigenen Staat haben möchten, wenn sie ihn auf dem Tablett serviert bekämen, viel mehr aber als einen eigenen Staat wünschen sie sich die Vernichtung Israels – durch Allah, Ahmadinedschad oder wen auch immer. Deswegen haben sie auf den Dächern ihrer Häuser gejubelt und gefeiert, als die irakischen Scud-Raketen über ihren Köpfen hinwegflogen, in Richtung Tel Aviv. Deswegen gilt ihnen Sadat als Verräter und deswegen bleiben sie auch noch weitere 60 oder 600 Jahre in ihren Flüchtlingslagern als Gäste der UNRWA sitzen, statt sich mit der Existenz Israels abzufinden.

Ich verkenne nicht die Tragik der Palästinenser, auch nicht die Mitverantwortung der Israelis für deren Schicksal. Ich erlaube mir nur den Hinweis, dass sie nicht die einzigen Opfer von Kriegen und Bevölkerungstransfers sind. Es gibt in Deutschland Hunderte von Palästina-Komitees, die den Konflikt im Nahen Osten durch eine Rückkehr zum Status quo ante von 1948 lösen möchten; aber kein einziges Indien-Pakistan-Komitee, das die Teilung des indischen Subkontinents ungeschehen machen möchte. Ist doch seltsam, oder? Womit mag das wohl zusammenhängen?

Ich überspringe einige Ihrer Argumente, die vor allem redundant sind, sage nix zu Goldstone, der seinen eigenen Bericht inzwischen relativiert hat, und mag mich auch nicht über die Ayalon-Nummer gegenüber dem türkischen Botschafter in Tel Aviv empören. Gemessen an dem Verhalten von Erdogan in Köln und Davos, war das eher eine lustige Petitesse, die den Humor der Türken auf eine schwere Belastungsprobe gestellt hat. Wenn Schimon Peres die UN »eine politische Organisation mit einer automatischen Mehrheit gegen Israel« nennt, dann handelt es sich um keine »Beschimpfung«, sondern um die schlichte Feststellung einer Tatsache. Wie oft hat sich der »Menschenrechtsrat« der UN mit Darfur befasst und wie oft mit Israel?

Es ist auch nicht mein Job, die Narreteien der israelischen Regierung zu verteidigen. Meinetwegen können Sie Bibi, Lieberman und alle anderen so viel bashen, wie Sie wollen. Dazu sind Regierungen da. Ich erwarte nur von Leuten wie Ihnen, Kamerad Follath, dass Sie auch mal einen Blick hinter die Kulissen werfen. Die Besiedlung der Westbank ist eine Falle, die sich die Israelis selbst in den Weg gestellt haben. Aber glauben Sie wirklich, dies sei das einzige oder das wichtigste Hindernis zum Frieden? Ein paar Wohnungen hier, ein paar Reihenhäuser dort? Wäre dem so, dann wäre die »Entsiedlung« von Gaza ein Beitrag zur Entschärfung des Konflikts gewesen, zumindest ein Schritt in die richtige Richtung. Das Gegenteil war der Fall. Würde sich Israel morgen aus der Westbank zurückziehen, würden die Palästinenser nicht erleichtert aufatmen, die Ärmel hochkrempeln und sich an den Aufbau eines eigenen Staatswesens machen, sondern nach der Befreiung von Bethlehem, Ramallah und Nablus die nächsten Ziele anvisieren: Jaffo, Akko und Ramle. Tun Sie nicht so, als ob Ihnen das nicht bewusst wäre. Oder halten Sie dieses »apokalyptische Szenario« ebenfalls für »unwahrscheinlich«?

Israel ist »der Jude unter den Staaten«, wie es Leon Poliakov schon vor 40 Jahren gesagt hat. Eine Gefahr für den Frieden in der Welt. Waren die Juden allerdings früher wehrlos und haben durch ihre Schwäche die Antisemiten provoziert und zur Raserei getrieben, so gilt für Israel heute das Gegenteil mit den gleichen Konsequenzen. Israel ist zu mächtig und zu stark, eine Atommacht und dazu der Schwanz, der in Form der Israel-Lobby mit dem Hund namens USA wedelt. Wird es angegriffen, reagiert es »unverhältnismäßig«. Wie reagiert man denn »verhältnismäßig« auf einen jahrelangen Beschuss mit »selbst gebauten« Raketen, die der Nahostexperte der PDS, Norman Paech, mit Silvesterkrachern vergleicht? Indem man mit Marzipankugeln zurückschießt?

Grete Duisenberg, die Witwe des ersten Präsidenten der Europäischen Zentralbank, ist eine praktizierende »Antizionistin«. Sie hat an Demos teilgenommen, bei denen »Hamas, Hamas, schickt die Juden in das Gas!« gerufen wurde. Vor Kurzem hat sie in einem Interview gesagt: »Die jüdische Lobby in Holland, wie in den Vereinigten Staaten, ist sehr stark und mächtig und spielt immer noch mit unseren Schuldgefühlen, obwohl der Holocaust 63 Jahre hinter uns liegt. Außerdem nennt man dich, wenn du in Holland etwas gegen das jüdische Volk sagst, einen Antisemiten.«

Die Frau ist eine lupenreine Antisemitin, aber ist davon überzeugt, dass sie es nicht ist. So wie der Mann, der Natascha Kampusch entführt hat, sich nicht als Kinderschänder bezeichnet hätte und wie jeder Vergewaltiger es mit den Frauen eigentlich gut meint. Auch die Antisemiten meinen es inzwischen gut mit den Juden. Sie warnen die Juden bei jeder Gelegenheit davor, die Fehler zu wiederholen, die den Antisemiten zum Verhängnis geworden sind.

Schauen Sie sich mal den Essay »Der ehrbare Antisemitismus« von Jean Amery aus dem Jahre 1969 an. Ganz am Ende heißt es: »Es gibt keinen ehrbaren Antisemitismus.« Der Antizionismus, wie er sich in den letzten 40 Jahren etabliert hat, ist ein Versuch, den Antisemitismus ehrbar zu machen. Deswegen geriert er sich als »Israel-Kritik«, was doppelt verwerflich ist. Erstens wegen dem Etikettenschwindel und zweitens, weil »Kritik« per se legitim ist, auch wenn sie überzogen, unsachlich und verletzend daherkommt. Nur hat das, was die »Israel-Kritiker« treiben, so viel mit Kritik gemeinsam wie ein Kuhfladen mit einer Pizza Margherita. Beide sind flach und rund.

Sie schreiben, dass Ihnen die Fantasie fehlt, sich eine Lösung des Konflikts vorzustellen. Machen Sie sich nichts daraus, so geht es allen, die sich mit diesem Konflikt beschäftigen. Nur einige notorische Angeber und Besserwisser tun so, als ob sie eine Lösung aus dem Ärmel schütteln könnten. Ich finde das witzig, so wie ich es witzig finde, dass dieselben Leute, die genau wissen, wie man Afghanistan befrieden kann, mit den Autonomen nicht zurechtkommen, die Nacht um Nacht in Berlin-Friedrichshain Autos abfackeln.

Vielleicht sollten wir uns einfach von der Idee verabschieden, dass Konflikte dazu da sind, gelöst zu werden. Sie sind dazu da, dass man sich mit ihnen arrangiert. Die Deutschen haben nicht schlecht über 40 Jahre mit Grenzen gelebt, die nur Waffenstillstandslinien waren. Das Problem DDR hat sich eines Tages von selbst erledigt. Ich rechne nicht damit, dass es im Nahen Osten ebenso laufen wird. Aber bis jetzt haben alle Bemühungen, das Problem zu lösen, es nur schlimmer gemacht. Wir sollten deswegen die Prioritäten neu definieren. Die Pole-Position sollte nicht mit »nationaler Souveränität« sondern mit »Ende der Gewalt« besetzt werden.

Das ist unfair, werden Sie jetzt rufen, die Israelis haben einen eigenen Staat, da kann man den Palästinensern keinen verweigern! Nun, abgesehen davon, dass sie de facto in Gaza einen eigenen Staat haben, der zu den schlimmsten Erwartungen Anlass gibt, könnte man von den Palästinensern vielleicht doch erwarten, dass sie zuerst ihre Hausaufgaben machen, bevor sie sich selbständig machen – statt umgekehrt. Es gibt schon genug failed states, ein Staat kann auch nur Mittel zum Zweck sein, kein Zweck an sich, sonst sieht er wie Kosovo aus.

Den Israelis muss das Gefühl der Bedrohung, den Palästinensern das Gefühl von Eingesperrt- und Ausgeliefertsein genommen werden, mögen diese Gefühle fiktiv oder real sein. Optimal fände ich es, wenn beide entities, die Israelis und die Palis, unter internationale Kuratel gestellt werden könnten, aber damit würden beide nicht einverstanden sein. Man muss den Konflikt einfrieren und dafür sorgen, dass Israelis wieder nach Bethlehem zum Einkaufen und die Palis nach Tel Aviv an den Strand fahren können, so wie es vor Oslo war. Klingt banal, aber der »kleine Grenzverkehr« hat besser funktioniert als die internationalen Abmachungen.

Und dann wird man weiter sehen. Wenn sich eines Tages die Verhältnisse im Iran ändern, werden auch die Hamas und Hisbollah kleine Pitas backen und hoffentlich nicht mehr in der Lage sein, Raketen abzuschießen. Und es muss alles gefördert werden, was die Menschen zusammenbringt: Essen, Fußball, Musik, Rassenschande.

Jetzt müssen wir beide nur noch klären, wohin wir zu dem von der Chefredaktion gesponserten Abendessen gehen. Ich finde, es sollte richtig teuer sein und mindestens so viel wie fünf Kassam-Raketen kosten. Darf ich das »Perlan« in Reykjavik vorschlagen? Tolle Speisen, weder koscher noch halal, grandioser Blick über die Stadt und den Fjord. Lassen wir es krachen. For a just and comprehensive peace in the Middle East!

Ihr
Henryk M. Broder

Elfter Brief

Lieber Kollege Broder,

ich vertraue Ihrem gastronomischen Urteil völlig und rufe unserer Spesen-Abteilung zu: Keine Sorge, Island ist dank der Finanzkrise viel billiger, geradezu preiswert geworden. Wir werden dort die gesamte nahöstliche Besatzungsproblematik hinter uns lassen. Apropos Besatzung: Kennen Sie den?

Kommen zwei Israelis nach Reykjavik. Der isländische Beamte kontrolliert die Pässe und fragt: »Occupation?«

Sagen die Israelis wie aus einem Mund: »Nein, nein, wir wollen nur zwei Tage bleiben.«

Mit freundlichen Grüßen,
Ihr
Erich Follath

III. ZWISCHENSPIEL

Dokumentarische Texte

»Meine Kippa liegt im Ring«

Warum ich für das Amt des Präsidenten des Zentralrates der Juden kandidiere

Von Henryk M. Broder

Ich habe nach reiflicher Überlegung beschlossen, mich um das Amt des Präsidenten des Zentralrates der Juden in Deutschland zu bewerben. Das Prozedere ist nicht ganz einfach, man muss der Repräsentantenversammlung einer jüdischen Gemeinde angehören und von dieser nominiert werden. Nachdem mir aber zwei kleine Gemeinden ihre Unterstützung zugesagt haben, sind das keine unüberwindlichen Hindernisse. In zwei Jahren werde ich 65, ich habe immer das getan, was ich tun wollte. Jetzt ist die Zeit gekommen, das zu tun, was ich tun sollte. Die offizielle Vertretung der Juden in Deutschland befindet sich in einem erbärmlichen Zustand. Die Präsidentin – intern »Tante Charly« genannt – scheint von dem Job überfordert. Wer die Pressemitteilungen liest, die von ihrem Büro herausgegeben werden, erfährt, dass ein Besuch bei der Frau des Bundespräsidenten zu den wichtigsten Erfahrungen ihres Lebens gehört. Ihre Stellvertreter belauern sich gegenseitig und warten darauf, wer als Erster aus der Deckung geht. Was der Zentralrat tut oder unterlässt, das entscheidet dessen Generalsekretär, der die schwindende Bedeutung der Organisation durch taktische Allianzen und sinnfreien Aktionismus auszugleichen versucht. Zuletzt hat er den ehemaligen Berliner Finanzsenator, Thilo Sarrazin, wegen dessen kritischen Äußerungen über integrationsunwillige Migranten in eine Reihe mit Hitler und Goebbels gestellt und sich bald darauf für diese Entgleisung auf eine Weise entschuldigt, die vor allem eines demonstrierte: dass er keine Ahnung hat, wovon er redet.

Der Zentralrat vertritt eine kleine Minderheit, etwa 100 000 Juden, von denen die meisten nach 1989 aus der ehemaligen Sowjetunion in die Bundesrepublik gekommen sind, sein Wort hat aber Gewicht. Besser gesagt: Es hatte Gewicht. Inzwischen werden dessen Stellungnahmen kaum noch wahrgenommen, weil er sich inflationär zu allem und jedem äußert. Den Rücktritt eines Ministerpräsidenten zu fordern, weil dieser sich in der Wortwahl vergriffen und von einer »Pogromstimmung gegen Manager« gesprochen hat, ist nicht nur unangemessen sondern auch dumm. Man soll keine Forderungen erheben, zu deren Durchsetzung man nicht in der Lage ist. Es sei denn, man will sich vorsätzlich blamieren. Der Zentralrat versteht sich als eine Art Frühwarnsystem gegen politischen Extremismus und andere aufziehende Gefahren. Das war die Rolle, die den kapitolinischen Gänsen im alten Rom zukam. Dennoch haben sie den Untergang Roms nicht verhindern können. Es kann nicht die Aufgabe des Zentralrates sein, sich als das gute Gewissen Deutschlands aufzuführen. Es bringt auch nichts, »Wehret den Anfängen!« zu schreien, wenn eine Handvoll Neonazis durch Möllenhagen in Mecklenburg-Vorpommern marschiert, und das Verbot der NPD zu fordern, was die Partei, die im Begriff ist, sich selbst zu zerlegen, nur in ihrer Scheinbedeutung bestätigt. Ebenso ist es nicht die Aufgabe des Zentralrates, den übrigen 79,9 Millionen Deutschen vorzuschreiben, wie sie mit ihrer Geschichte umgehen sollten. Liebesbeweise, die erzwungen werden, sind keine. Der Zentralrat tritt als Reue-Entgegennahme-Instanz auf und stellt Unbedenklichkeitserklärungen aus, wobei es weder nach oben noch nach unten eine Schamgrenze gibt. Der Zentralrat hat seine Beziehungen zum Vatikan und zur deutschen Bischofskonferenz im Zuge der »Williamson-Affäre« zeitweise abgebrochen; wenn ein Theater in der Provinz Fassbinders Stück »Der Müll, die Stadt und der Tod« aufführen will, eilt der Generalsekretär persönlich hin, um den Theaterleuten zu sagen, was sie machen beziehungsweise nicht machen sollen. Wenn das keine Beschäftigungstherapie ist, dann ist es nur lächerlich. Als

Präsident des Zentralrates werde ich für ein Ende des kleinkarierten Größenwahns sorgen, der sich immer mehr zumutet, als er zu leisten in der Lage ist. Ich werde mich dafür einsetzen, dass Holocaustleugnung als Straftatbestand aufgehoben wird. Das Gesetz war gut gemeint, hat sich aber als kontraproduktiv erwiesen, indem es Idioten dazu verhilft, sich als Märtyrer im Kampf um die historische Wahrheit zu inszenieren. Unser aller Problem ist nicht der letzte Holocaust, dessen Faktizität außer Frage steht, sondern der Völkermord, der vor unseren Augen im Sudan stattfindet. Wir brauchen nicht noch mehr Holocaustmahnmale und Gedenkstätten, sondern eine aktive Politik im Dienste der Menschenrechte ohne politische Rücksichtnahme auf wirtschaftliche Interessen. Wer vom Kampf der Dissidenten in China und der Verfolgung der Baha'i im Iran nichts wissen will, sollte auch am 27. Januar und am 9. November zu Hause bleiben. Ich werde mich um gute Beziehungen zu den in Deutschland lebenden Moslems bemühen. Nicht zu religiösen Eiferern oder türkischen Nationalisten, die den Paragrafen 301 des türkischen Strafgesetzbuches (»Beleidigung des Türkentums«) verteidigen oder verharmlosen und sich um jede Stellungnahme zu der Armenierfrage drücken, sondern zu solchen, die für eine strikte Trennung von Staat und Religion und für eine säkulare Gesellschaft eintreten. Ich bin überzeugt, dass es keine partikularen jüdischen Interessen gibt. Ob jemand koscher isst oder halal oder doch lieber Kassler, ist Privatsache. Ebenso wann und zu welchem Gott er betet. Religionsfreiheit beinhaltet auch das Recht, areligiös und antireligiös zu sein und sich über den eigenen und seiner Nachbarn Gott lustig machen zu können, ohne deswegen bedroht zu werden. Freiheit, Demokratie, Rechtsstaat sind die Werte, die offensiv verteidigt werden müssen. Von Juden, Christen, Moslems, Atheisten, Agnostikern, Häretikern, von Ariern und Vegetariern, Frauen und Männern, Heteros und Homos – meine Kippa liegt im Ring.

Dieser Text erschien erstmals im »Tagesspiegel« vom 21. Oktober 2009.

»Der ideale Kandidat«

Wie ich beinahe Präsident des Zentralrats der Juden geworden wäre

Von Henryk M. Broder

Kurz vor dem Autobahnkreuz Kassel-Ost klingelte das Handy. Nach 500 Kilometern Autobahn waren mein alter Suzuki und ich für jede Abwechslung dankbar. »Ich hab von morgen auf übermorgen eine halbe Seite frei!«, hörte ich Malte schreien. »Haste einen Text für mich?« »Ich denk mir was aus!«, brüllte ich zurück. Bei Wünnenberg-Haaren verließ ich die A 44 in Richtung Paderborn. Im Waldhotel Nachtigall war noch ein Zimmer frei. Am nächsten Morgen stand ich relativ früh auf und setzte mich an meinen Computer. Gegen Mittag war die Geschichte fertig und abgeschickt, ich schaute mir in aller Ruhe Paderborn an und machte mich auf den Weg nach Westen.

Kurz vor fünf rief Malte wieder an. »Geh mal ins Netz, da geht die Post ab!« Ich bog bei Ibbenbüren ab und fand tatsächlich neben dem Döner-Imbiss »Aladin« ein Internetcafé. Meine Ankündigung, mich um das Amt des Präsidenten des Zentralrats der Juden in Deutschland zu bewerben, stand auf der Homepage des »Tagesspiegel«, Agenturen zogen mit Meldungen nach; es gab schon die ersten Stellungnahmen von Zeitgenossen, die es nicht fassen konnten, dass ich den Straftatbestand der Holocaust-Leugnung abgeschafft sehen wollte, weil er nur Psychos wie Horst Mahler und David Irving nützt. »Das kann ja heiter werden«, dachte ich, während ich wieder auf die A 30 rollte. Um acht wollte ich in Haarlem sein, wo mich eine indonesische Reistafel erwartete.

Hätte ich geschrieben, dass ich mich in Peschawar zum Taliban ausbilden lassen will oder dass in Wahrheit ich es war, der neulich als Wallraff mit Kraushaarperücke dem Rassismus in Deutschland nachspürte, nichts wäre geschehen. Aber offensichtlich hatte ich den politischen G-Punkt der Deutschen getroffen: Wer darf und soll für die Juden in Deutschland sprechen?

Die folgenden zwei Tage verbrachte ich im Trainingsanzug an zwei Telefonen zugleich. Nach dem zehnten Interview hatte ich mich von der Idee, Präsident des Zentralrats werden zu sollen, selbst überzeugt, nach dem zwanzigsten wusste ich, dass ich der ideale Kandidat war. Und spätestens als ich von einer australischen Zeitung angerufen und gefragt wurde, ob ich es ernst meinen würde und wie gut oder schlecht meine Chancen seien, war mir klar, dass ich den *point of no return* überschritten hatte.

Tatsächlich ist die Frage, wer die Juden in Deutschland repräsentieren soll, nicht so banal, wie sie sich anhört. Vor allem für die – wie sage ich es korrekt? – Bundesbürger ohne Migrationshintergrund, die sich manchmal als »nicht jüdische Deutsche« bezeichnen, wenn es darum geht, über Juden und Deutsche zu sprechen. Sie könnten auch christliche Deutsche sagen, aber sie sagen nicht jüdische Deutsche, so als ob Judesein der normale Aggregatzustand des Menschen ist. Für mich klingt das, als würde sich ein Mann als »Nicht-Frau« bezeichnen.

Bis zur Wende vertrat der Zentralrat etwa 30 000 Juden, eine Minderheit so winzig, dass sie statistisch kaum erfassbar war, 0,05 Prozent der Bevölkerung. Dennoch war der Zentralrat eine Instanz, der Lackmustest dafür, ob Deutschland die eigene Vergangenheit erfolgreich bewältigt hatte. Wenn man als Jude »im Land der Täter« leben konnte, hatte auch der Rest der Welt keinen Grund, den Deutschen zu misstrauen. Jede Eröffnung eines jüdischen Kindergartens, jedes Konzert einer Klezmer-Gruppe aus Reinickendorf galt als Beweis für die »Rückkehr zur Normalität«. Wurde gar eine neue Synagoge eingeweiht, für die es keinen Bedarf gab, konnte man selbst die Zierpflanzen murmeln hören: »Wer baut, der bleibt.«

Die Juden nahmen sich der Aufgabe, Deutschland zu rehabilitieren, gern an, hatten sie doch nun das Gefühl, ernst genommen zu werden – weit über ihr tatsächliches Potential an Masse und Klasse hinaus. Die Angehörigen und Nachkommen der Opfer attestierten den Nachlassverwaltern der Täter immer wieder den Willen zur Besserung und gute Führung – dafür wurden sie wiederum mit Bundesverdienstkreuzen geehrt und durften bei den Feiern zur Woche der Brüderlichkeit immer in der ersten Reihe sitzen. Das änderte sich erst mit dem Fall der Mauer und mit der Wiederherstellung der vollen deutschen Souveränität. Deutschland war rehabilitiert und auf die Fürbitten der jüdischen Bewährungshelfer nicht mehr angewiesen. Spätestens mit dem Einzug von Gerhard Schröder ins Kanzleramt hatte auch der letzte Synagogendiener in Mecklenburg-Vorpommern begriffen, dass die Nachkriegszeit vorbei war. Schröder wünschte sich ein Holocaust-Mahnmal, »zu dem man gern hingeht« – und ging ansonsten auf Distanz zu lebenden Juden, vor allem zu denen in Israel, wofür er nach seinem Ausscheiden aus dem Kanzleramt mit dem Ehrenvorsitz des Deutschen Nah- und Mittelostvereins belohnt wurde.

Parallel dazu entwickelte sich jüdisches Leben außerhalb des Zentralrats. Es gab Gemeinden, die den Zentralrat verließen, und solche, die gar nicht erst aufgenommen werden wollten. In Berlin wurde schon Ende der achtziger Jahre unter obskuren Umständen eine von den Nazis liquidierte orthodoxe Gemeinde wiederbelebt, Adass Jisroel, ausgerechnet von einem ehemaligen SED-Sympathisanten und mit Hilfe Lothar de Maizières. Später etablierten sich jüdische Organisationen wie das American Jewish Committee, das dem Zentralrat Konkurrenz macht als Anlaufstelle für ausländische Politiker, die den Stand der Vergangenheitsbewältigung begutachten wollen. So büßte der Zentralrat nach und nach seinen Alleinvertretungsanspruch und auch seine Autorität ein. Es ging ihm dabei nicht anders als der SPD, die einen Teil ihrer Klientel an die Grünen und die Linke abgeben musste. Nur dass die Funktionäre des Zentralrats noch länger brauchten, um den politischen Klimawandel zu bemerken.

Der Zentralrat geriet in eine Zwickmühle. Einerseits musste er immer lauter und öfter auf die Pauke hauen, um gehört zu werden, andererseits inflationierte er seine Präsenz durch häufige Wortmeldungen – oft aus nichtigem Anlass oder aus Verkennung seiner tatsächlichen Bedeutung. Mal forderte man den Rücktritt der Ministerpräsidenten Wulff (Niedersachsen) und Oettinger (Baden-Württemberg), mal die Einführung eines Fachs »Holocaust-Erziehung«, um sich wenig später kleinlaut von den eigenen Forderungen zu verabschieden. Im Zuge der Williamson-Affäre drohte man lärmend, mit dem Vatikan nicht mehr reden zu wollen, und rückte dann leise wieder davon ab. An der Gedenkfeier zur Befreiung von Auschwitz am 27. Januar im Bundestag nahmen keine Vertreter des Zentralrats teil, weil sie nicht »wie Zaungäste behandelt werden« und auf der Zuschauertribüne Platz nehmen wollten. Viel Mut zum politischen Harakiri bewies der Generalsekretär des Zentralrats, Stephan Kramer, als er den Berliner Ex-Senator Thilo Sarrazin wegen dessen Äußerungen über Migranten in Berlin mit Hitler und Goebbels in eine Reihe stellte, ohne dass ihn jemand öffentlich zur Ordnung rief.

Um den Bedeutungsschwund zu kompensieren, suchte der Zentralrat nach neuen Verbündeten. Es kam zu einer Allianz mit der Türkischen Gemeinde, wobei nicht klar war, wer wen huckepack nahm, der jüdische Winzling den türkischen Riesen oder umgekehrt. Die erste gemeinsame Veranstaltung war eine Podiumskonferenz über »Antisemitismus, Islamophobie und Fremdenfeindlichkeit«; sie basierte auf einem doppelten Missverständnis. Wenn der Zentralrat die Existenz eines Phänomens namens »Islamophobie« anerkennt und in einen historischen Zusammenhang mit dem Antisemitismus rücken würde, so hofften die Juden, würden sich die Türken erkenntlich zeigen und dem Judenhass in ihren Reihen den Kampf ansagen. Den Türken dagegen kam es darauf an, sich mit Hilfe der Juden als die Juden von heute zu positionieren – eine diskriminierte und verfolgte Minderheit, der das bevorstehen könnte, was die Juden nach 1933 erleiden mussten. Ganz so weit mochten die Juden den Türken nicht entgegenkommen, immerhin machten sie den diffusen Begriff »Islamophobie« koscher. Man ging ein wenig enttäuscht auseinander, vereinbarte aber, die Zusammenarbeit fortzusetzen.

Inzwischen vertritt der Zentralrat 120 000 Juden. Wahrscheinlich sind es insgesamt 200 000, die heute in Deutschland leben. Das ist wenig im Vergleich zu den drei Millionen Türken. Anders als die Türken haben die Juden dagegen den Schritt von der Integration zur Assimilation längst getan. Deswegen denken sie über eine Umbenennung nach: Aus dem Zentralrat der Juden in Deutschland soll der Zentralrat deutscher Juden werden.

Es ist also nichts mehr so, wie es noch vor 10 oder 20 Jahren war. Nur die Rituale sind dieselben: 27. Januar, 9. November, Woche der Brüderlichkeit, wehret den Anfängen, nie wieder 33! Und zwischendurch ein Bekenntnis zur »besonderen deutschen Verantwortung für Israel«, die allerdings nicht so weit geht, den Handel mit Iran einzustellen.

Vor diesem Hintergrund hielt ich es für eine gute Idee, den Zentralrat ein wenig aufzumischen. Um mit Herbert Achternbusch zu sprechen: »Du hast keine Chance, aber nutze sie!« Und wenn man in Deutschland etwas in Gang setzen will, muss man eine Personaldebatte entfachen, obwohl natürlich alle so tun, als wären sie an Sachfragen interessiert. Hätte ich geschrieben, der Zentralrat wäre ein Verein von Schnarchnasen, denen es vor allem darauf ankommt, nicht unangenehm aufzufallen und zum nächsten Sommerfest des Bundespräsidenten eingeladen zu werden, wäre nicht einmal die Bürochefin von Charlotte Knobloch beleidigt gewesen. Ein Außenseiter aber, der gleich die ganze Firma übernehmen möchte, bringt die Ordnung durcheinander und sorgt für Panik auf dem deutsch-jüdischen Jahrmarkt der Eitelkeiten.

Ich hatte damit gerechnet, dass ein paar alte Freunde die Gelegenheit nutzen würden, um offene Rechnungen zu begleichen. Michel Friedman (»gegelte Nervensäge«), Rafael Seligmann (»Vertreter des Landjudentums«), Micha Brumlik (»Professor Unrat der Grünen«) gaben einstimmig zu Protokoll, ich sei für das Amt ungeeignet. Auch Kollegen und Mitbürger ohne eigene Interessen reagierten verstört. Wieso der? Wieso jetzt? Und warum überhaupt? Von der »FAZ« bis zur »taz«, von der »Kulturzeit« auf 3sat bis zum »Neuen Deutschland« sorgten sich alle um das Wohl des Judentums. Den philosemitischen Vogel schoss die »SZ« ab: »Da werden sich die Aktivisten der Neonazi-Szene aber bedanken, dass sie jetzt offen ihr Gedankengebräu verabreichen können. Alle, die den Holocaust überlebt haben, wundern sich.« Wie die Reporter der »SZ« das nun genau recherchiert und herausgefunden haben, kann ich nicht beurteilen. Meine große Schwester jedenfalls haben sie nicht gefragt. Weniger als »alle« aber wäre nicht genug gewesen.

Die Reaktionen zeichneten sich nicht nur durch eine radikale Humorallergie aus, viele Kommentatoren schienen geradezu beleidigt, dass sie nicht konsultiert worden waren. Deutschland liebt Unruhestifter, Querdenker und Seiteneinsteiger, aber nur so lange, wie sie darauf achten, dass alles so bleibt, wie es ist.

Zugleich scheint der Übergang zwischen echtem Leben und virtueller Welt immer einfacher zu werden. Die Linke nominierte für das Amt des Bundespräsidenten einen TV-Kommissar, der davon träumt, Banker eigenhändig zu verhaften. Schauspieler, die in Soaps Ärzte spielen, machen in Talkshows Vorschläge zur Optimierung der Gesundheitsreform. Der FDP-Veteran Rainer Brüderle traut sich zu, den Wirtschaftsminister zu geben. Da könnte auch Boris Becker Familienminister werden und ich – Präsident des Zentralrats der Juden.

Keine Sorge. Ich mache es nicht. Ich bin weder größenwahnsinnig noch vergnügungssüchtig.

Dieser Text erschien erstmals im SPIEGEL vom 2. November 2009.

»Mit eiserner Faust«

Israel im Libanon-Krieg 2006

Von Erich Follath

Ein kleines Männchen, verhutzelt, schmal. Ein Kranz letzter, schlohweißer Haare um den blanken Schädel. Ein feines Oberlippenbärtchen, das mit der dünnen, brüchigen Stimme im Einklang vibriert. Bei Fragen macht sich der Alte klein, als wolle er am liebsten zur Unkenntlichkeit schrumpfen, unsichtbar werden. Nur keinen Widerstand bieten. Wegducken. Überleben.

Im Einstecken von Schicksalsschlägen ist der Jude Zwi Schalit, 79, ein Meister geworden, zwangsweise. Wenn es einen Gott gibt, dann war Er Schalit gegenüber ein zorniger, kein gütiger Gott. Dann hat Er einen aus seinem auserwählten Volk dazu auserwählt, alles Leid dieser Erde zu ertragen.

Als Kind verlor Zwi Schalit seine Heimat. Geboren im galizischen Lemberg, hatten er und seine Familie friedlich an der Seite von Deutschen und Polen, Ukrainern und Armeniern gelebt. Sie gingen in die Synagoge, nebenan beteten Christen in einer katholischen Kirche. Kein Problem – bis Adolf Hitler in Berlin die Macht an sich riss. In Lemberg schlachteten sie Juden ab, einmal waren es 800 am Tag. »Wir waren keine hundertprozentigen Zionisten«, sagt Schalit, aber das interessierte in der aufgeheizten Atmosphäre keinen mehr. »Mutter brachte uns nach Palästina, in die Sicherheit, wie wir glaubten.«

Das war vor 65 Jahren.

Als Mann verlor Zwi Schalit seinen Sohn. »Wir treiben die Juden ins Meer«, hatte die Parole der arabischen Scharfmacher gelautet, als sie unmittelbar nach der Gründung Israels 1948 zu den Waffen griffen und den neuen Staat überfielen. Die

Familie Schalit überlebte, Zwi heiratete, ging als Polizist zur Küstenwache, seine Frau brachte Zwillinge auf die Welt, Noam und Joel. Die beiden Jungen wurden wie alle Israelis zu einem dreijährigen Wehrdienst einberufen. Als am Jom Kippur, dem jüdischen Versöhnungsfest, die Armeen von Syrien und Ägypten in den Judenstaat einfielen, musste Joel mit seiner Einheit auf die Golanhöhen. Die Syrer waren in der Überzahl. Joel hatte keine Chance, verbrannte in seinem Panzer.

Das war vor 33 Jahren.

Als Großvater nahm man Zwi Schalit seinen Enkel. Es war an einem Sonntagmorgen, als der Pensionär im Radio hörte, ein israelischer Grenzposten sei am Gaza-Streifen überfallen worden. Zwi Schalit war beunruhigt, weil er wusste, dass sein 19-jähriger Gilad dort stationiert war. Mittags wurde es zur bitteren Gewissheit: Der Enkel war von palästinensischen Milizen entführt worden, eine Geisel, spurlos verschwunden.

Das war vor vier Wochen.

Die Einschläge kommen näher, im wahrsten Sinn des Wortes. Denn jetzt ist auch Zwi Schalits Leben bedroht. Er lebt in dem Städtchen Kirjat Ata bei Haifa, gut 30 Kilometer Luftlinie von der libanesischen Grenze entfernt. Er sitzt in einem alten Lehnstuhl vor den Fotos seiner Liebsten und hört das Donnern der Raketen. Wenige Kilometer vom Haus der Schalits in der Weizman-Straße 7 schlagen Geschosse ein, Katjuscha-Raketen, abgefeuert aus dem Hisbollah-Land. Es sind nicht acht Tote durch die willkürlichen Angriffe zu beklagen wie einige Tage zuvor in Haifa. Keiner wird in dem kleinen Ort verletzt, aber Menschen schreien vor Angst.

Das war am vergangenen Mittwoch.

Wenn Zwi Schalit die Sirene hört, und das passiert bald danach erneut, eilt der alte Mann mit seiner Frau vom Wohnzimmer ins Innere des Hauses, möglichst weit von den Fenstern weg. Einen Keller haben sie nicht, und um zum nächsten öffentlichen Bunker zu kommen, genügen die 60 Sekunden Vorwarnzeit nicht. »Wir sind wieder im Krieg«, sagt der Mann, der einfach nur weiterexistiert mit all seiner Trauer. »Aber waren wir nicht immer im Krieg? Und womit haben wir das verdient?«

Israel – das ewige Opfer. Israel – die existenziell bedrohte Heimstatt der Juden. Israel – ein Staat am Abgrund, umgeben von Feinden, die es auslöschen wollen, das deshalb in Abständen zusammenrückt, seine inneren Kämpfe zurückstellt, sich notgedrungen und zu allem entschlossen vorwärtsverteidigt. So lautet ein verbreitetes israelisches Credo.

Die Geschichte der Juden ist in den Augen vieler Juden primär eine Leidensgeschichte. Geprägt vom millionenfachen Mord, von der Ausrottungskampagne der Nazis, hat sich dem jüdischen Volk ein Glaubenssatz eingebrannt: Nie wieder wie Lämmer zur Schlachtbank geführt werden! Das Auschwitz-Syndrom lässt Israel auf Waffen setzen und auf immer noch mehr Waffen. Längst ist Israel die stärkste Militärmacht in der Region, ausgestattet mit dem modernsten und tödlichsten Kriegsgerät – einschließlich der Atombombe.

Mit den Entführungen im Gaza-Streifen durch die palästinensischen Militanten und vor allem seit dem unprovozierten Überfall der libanesischen Hisbollah-Miliz auf einen israelischen Grenzposten, dem Tod von acht Soldaten und dem Kidnapping von zwei weiteren sehen sich viele Israelis in ihren schlimmsten Alpträumen bestätigt. Auf die massiven Vergeltungsangriffe hin regnete es als Antwort Raketen auf israelisches Staatsgebiet. Es ist eine Eskalation eingetreten, wie es sie seit vielen Jahren im Nahen Osten nicht gegeben hat. Anders als die meisten vermutet haben, kann der Feind nicht nur die Grenzdörfer des Nordens treffen, sondern auch Haifa, die drittgrößte Stadt im Land, Nazaret und Afula, mehr als 50 Kilometer von der libanesischen Grenze entfernt. Noch modernere, von Teheran an die Hisbollah gelieferte Raketen sollen bis zu 75 Kilometer weit tragen – über Haifa, Afula, Tiberias hinaus mitten ins israelische Kernland.

»Das zionistische Gebilde ist ein Krebsgeschwür in dieser Region, und wenn ein Karzinom erkannt ist, muss es ausgemerzt werden«, hat Hassan Nasrallah, der Hisbollah-Führer, einmal gesagt. Auch sein iranischer Mitstreiter Präsident Mahmud Ahmadinedschad will den Staat »von der Landkarte ausradieren«.

Kann Israel so überleben?

Sie hatte das Leben vor sich, ein Twen, lebenslustig, hübsch. Die Eltern strenggläubige Schiiten, aber nicht so, dass sie ihrer Tochter verboten, ein buntes Kopftuch zu tragen. Sie lernte Krankenschwester, weil sie anderen helfen wollte. Und war stolz auf ihren Vornamen Nimra, was »Tigerin« heißt und von dem sie fand, dass er besonders gut zu ihr passte.

Wenn es Gott gibt, dann hat Er es nicht gut gemeint mit seinem Schützling Nimra Bidun in der südlibanesischen Hafenstadt Tyrus. Er legte der jungen Frau, die doch keinem etwas zuleide getan hatte, eine Prüfung nach der anderen auf.

Die erste kam an einem Juni-Tag 1982, der Libanon war gerade wieder einmal zum Kriegsschauplatz seiner Nachbarn geworden. Die PLO hatte sich als Staat im Staate etabliert, die Israelis unter dem Kommando von General Ariel Scharon besetzten den Libanon, um Arafat & Co. zu vertreiben. Über Tyrus dröhnte der Lärm von Kampfjets. Eine Frau hatte gerade im Behr-Krankenhaus entbunden, da kam der Alarm. Der Arzt ahnte die Gefahr, schickte Nimra, um ein weißes Bettlaken aus dem Fenster zu hängen. »Ich rannte zurück, und dann wurde alles um mich schwarz«, erzählt sie im Rückblick.

Die Bombe war ein Volltreffer, das Krankenhaus wurde völlig zerstört. Niemand außer der Krankenschwester überlebte, die vier Mütter nicht, die Babys nicht, der Arzt nicht. An die nächsten Stunden erinnert sich Nimra Bidun nurmehr schemenhaft. An Männer vom Roten Kreuz, die sie auf eine Trage hievten, an israelische Sanitäter, die sie über die Grenze schleppten, in einem Krankenhaus notdürftig versorgten, bevor sie die Fremde zurückschickten.

Sie hatte viel Blut verloren, aber sie überlebte, ihr Bein war allerdings schrecklich verkrüppelt. Ihren Beruf ausüben konnte sie nicht mehr. Die Einzigen, die sich ihrer in Tyrus annahmen, waren die von der Hisbollah, der radikalen »Partei Gottes«. Vom Rand der Stadt oder aus Verstecken in den Außenbezirken haben sie ihren Krieg gegen Israel geführt, in der Stadt aber kümmerten sie sich um die Bevölkerung.

Sie fand einen Mann, einen Rentner, fast 30 Jahre älter, nicht unbedingt attraktiv, auch keine geistige Leuchte; aber wie konnte sie als Krüppel wählerisch sein. Sie kehrte zurück in das Dorf Aitit, woher die Familie stammte, gerade mal zwölf Kilometer von der israelischen Grenze entfernt. Doch da wurde viel geschossen, Artilleriefeuer fast jeden Tag, von beiden Seiten. So wagte sie noch einmal in ihrem Leben einen großen Sprung – nach Beirut in die Großstadt. Vier Jahre später brachte sie eine Tochter zur Welt, die Pension ihres Mannes reichte, um sich einigermaßen bequem einzurichten. Ihr Leben hatte noch einmal begonnen.

Was für eine Stadt, dieses von Phöniziern gegründete, wie eine Perle an den Strand geworfene ex-römische, ex-osmanische Beirut: wiedergeboren nach dem langen und furchtbar blutigen Bürgerkrieg von 1975 bis 1990, als die Zedern Trauer trugen. Ausgestattet mit neuem Selbstbewusstsein, aufbauwütig, vergnügungssüchtig, durch und durch lebensbejahend. Diskotheken entstanden auf ehemaligen Kampfstätten, wo Christen den Sunniten und Sunniten den Schiiten die Köpfe eingeschlagen hatten: Man tanzte in Beirut buchstäblich auf Särgen.

Durch die »Zedernrevolution« des Jahres 2005 wurden die Libanesen dann sogar ihre ungeliebten fremden Herren los: Die Syrer, die sich zwischenzeitlich als die Herren von Beirut aufgespielt hatten, wurden vertrieben. Die Hisbollah spielte weiterhin eine wichtige Rolle, weil sie nach libanesischer Auffassung Israel »militärisch besiegt« hatte – im Jahr 2000 hatten sich die israelischen Besatzer wegen der hohen Verluste aus dem Libanon zurückgezogen, den Radikalislamisten das Feld überlassen. Die erfüllten auch nach Nimra Biduns Auffassung eine wichtige Rolle im libanesischen Parteien- und

Machtgefüge. Natürlich wählte die Krankenschwester die Islamisten – ein bisschen wegen des sozialen Engagements, ein bisschen wegen der Vorstellung, dass da mit den Schibaa-Farmen immer noch – völkerrechtlich umstritten – libanesisches Land von Israel besetzt war.

Nadelstiche gegen Israel, das fand Nimra Bidun wie die meisten ihrer Landsleute eine gute Idee. Die Entführungen der israelischen Soldaten dagegen, das ist eine Aktion, zu der sie nicht Stellung nehmen will. Sie zuckt die Achseln. Sie weiß nur: Die Folgen sind fatal. Für den Libanon, ihr Land. Aber auch ganz persönlich für Nimra Bidun, 47, und ihre Familie.

Am vergangenen Mittwoch kamen die bedrohlichen Zeichen. Der Himmel über Südbeirut war dunkel von der Unmenge Papier, das da über die dicht an dicht stehenden Häuserzeilen fiel. »Fillu« stand auf den Flugblättern der Israelis. »Geht hier weg!«

Und sie gingen, so schnell sie konnten. Am Gartentor riss sich die Tochter noch einmal los. Sie rannte zurück ins Haus, weil sie das gelbe Kleidchen für ihre Puppe vergessen hatte. Außer einigen Handtüchern und den Spielsachen der Kleinen haben sie nicht viel retten können. Aber die Familie ist einigermaßen in Sicherheit, obwohl Nimra durch ihr Humpeln sehr behindert war. Sie sind in einem Auffanglager untergekommen, in der staatlichen Oberschule im modernen Stadtteil Verdun. Das gelbe Puppenkleid flattert am Fenstergitter. Die Flüchtlinge im eigenen Land sprechen einander Mut zu, so gut es eben geht.

Alle paar Stunden dringt der Donner von einschlagenden Bomben herüber. An den Blitzen, den schwarzen Wolken, am Rauch erkennt Nimra Bidun, die Tigerin aus Tyrus, dass es mehrfach schon ihre Gegend getroffen hat. Brücken, Elektrizitätswerke, Regierungsgebäude sind zerfetzt, Stahlträger geschmolzen, Beton wie von Riesenhand zermalmt, elektrische Leitungen durcheinandergewirbelt. Sie mag nicht zurückgehen und sich die Zerstörung anschauen; sie weiß, wie traurig der

Anblick ist, sie hat noch schemenhaft die Trümmer ihres alten Krankenhauses im Kopf.

Ob die vom Schicksal so Geschlagene alles noch einmal packt, ob sie Mut und Kraft aufbringt für wieder ein neues Leben, noch einmal begonnen auf Ruinen, von ganz unten – sie weiß es nicht. Und dann verrät die sonst so stoische Frau doch einmal Emotionen. »Was haben wir einfachen Libanesen bloß den Israelis getan?«, fragt sie mit tränenerstickter Stimme. »Ich ziehe meine Kleine nicht dazu auf, damit sie das alles wieder und wieder durchmacht. Jemand muss den Teufelskreis durchbrechen.«

Kein neutraler Beobachter wird den israelischen Militärs unterstellen, dass sie bewusst Jagd auf Zivilisten machen. Aber sie nehmen Kollateralschäden billigend in Kauf, wenn sie etwa in dicht besiedelten schiitischen Wohngebieten Hisbollah-Zentren bombardieren. Ein israelischer Pilot nahm einen Kleinbus mit flüchtenden Zivilisten unter Feuer: ein Dutzend Tote. In solchen Kleinbussen, hieß es nachher, transportiere die Hisbollah ihre Katjuschas. Bis zum frühen Samstag vergangener Woche waren weit über 300 libanesische Zivilisten gestorben – zehnmal mehr als Israelis.

Generalstabschef Dan Haluz, sozusagen Nasrallahs Gegenpol, sagte im Jahr 2002, als bei einer gezielten Aktion gegen Hamas-Führer Salah Schahada eine 1000-Kilo-Bombe auf ein Wohnhaus geworfen wurde und neben der Zielperson 15 Zivilisten, darunter 11 Kinder, ums Leben kamen, er fühle sich nach dem Angriff »ausgezeichnet« und könne »ohne Probleme schlafen«.

Vor zwei Wochen meinte der Hardliner: »Wenn wir die entführten Soldaten nicht zurückbekommen, werden wir den Libanon um 20 Jahre zurückwerfen.« In Teilen von Beirut sieht es jetzt so aus, als hätte er das in Sachen Infrastruktur mit all den zerbombten E-Werken, Brücken und Häusern bereits geschafft, und der Hass gegen die Übermächtigen aus der Luft treibt der Hisbollah immer mehr Rekruten zu.

Israel – das Land, das mit zweierlei Maß misst, jede Uno-Verurteilung in eigener Sache achselzuckend ignoriert hat und nun vehement die Befolgung der Uno-Resolution 1559 fordert: Sie betrifft die Entwaffnung der Hisbollah-Miliz. Israel – der Staat, der alles einseitig festlegen will und ohne Rücksprache mit den Nachbarn sogar die Grenzlinien im Nahen Osten zu bestimmen versucht, die Friedensbedingungen diktieren will.

Kann Israel so überleben?

Dieser Text erschien erstmals im SPIEGEL vom 24. Juli 2006.

»Gott kennt keine Kompromisse«

Israel nach dem Gaza-Krieg 2009

Von Erich Follath

Zur Abwechslung einmal etwas Überraschendes: gute Nachrichten aus dem Heiligen Land. Aber Vorsicht, was derzeit so positiv erscheint, könnte zu noch schlimmeren Katastrophen führen – dies ist schließlich der Nahe Osten.

Die Strände von Tel Aviv sind voller Touristen, die Hotels in Jerusalem ausgebucht, in den ersten beiden Augustwochen verzeichnet Israel Besucherrekorde. Eine robuste Wirtschaft ist in diesem Quartal wieder ins Plus geschwenkt. Noch entscheidender aber: Es herrscht Ruhe an fast allen Fronten. Kaum noch Raketenangriffe aus dem Gaza-Streifen, so gut wie keine palästinensischen Terrorüberfälle aus dem Westjordanland, auch an der Libanon-Grenze schweigen die Waffen.

Die Palästinenser sind mit sich selbst beschäftigt – und mit der Vertiefung ihrer eigenen politischen Spaltung. Gerade ist in Betlehem der Kongress der gemäßigten Fatah zu Ende gegangen, die im Westjordanland regiert. Die Fatah konnte nicht über ihren Schatten springen und Israel unmissverständlich anerkennen. Stattdessen vor allem rückwärtsgewandte Politik bei jüngerem Personal; die fast ein halbes Jahrzehnt zurückliegende »Ermordung« Jassir Arafats durch die Israelis soll abermals untersucht werden.

Die radikalislamische Hamas, die im Gaza-Streifen herrscht, macht gar kein Hehl daraus, dass sie die Fatah als Gegner und Israel als Todfeind sieht. Sie ist in diesen Tagen allerdings vollauf damit befasst, auf ihrem Gebiet konkurrierende, dem Terrornetzwerk al-Qaida nahe Extremisten blutig niederzuschlagen.

Vielen Israelis kommt es so vor, als nähme sich der Nahost-Konflikt eine Auszeit, als könnten sie sich einigermaßen bequem einrichten im Status quo – und sie rechnen das der Hardliner-Regierung unter Benjamin Netanjahu, 59, als Verdienst an. Seit knapp fünf Monaten ist der Umstrittene an der Macht, zum zweiten Mal Ministerpräsident, seine Amtszeit von 1996 bis 1999 gilt als wenig glanzvoll. Aber derzeit ist »Bibi« populär, Kompromisslosigkeit hat Saison. Und so reist er mit viel Rückendeckung zu Gesprächen mit den Verbündeten. Am Montag trifft er in London George Mitchell, den Nahost-Beauftragten der US-Regierung, am Mittwoch wird er in Berlin erwartet.

Mitglieder seines 30 Minister starken Kabinetts und eine erzkonservative Presse hämmern in diesen Tagen eine verführerische Botschaft: Warum schmerzliche Kompromisse mit den Palästinensern eingehen, warum überhaupt in Friedensverhandlungen eintreten, wenn es auch so Ruhe gibt? Warum die illegalen Siedlungen aufgeben oder auch nur den Ausbau stoppen, wie es Präsident Barack Obama fordert, wenn doch keine Sanktionen drohen und man für alle Fälle ein zusätzliches Faustpfand hat? Warum nicht die schweren Menschenrechtsverletzungen durch die israelische Armee beim Gaza-Krieg zum Jahreswechsel, verurteilt durch die Uno, einfach ignorieren?

Noch ist eine Mehrheit der Israelis für einen Ausgleich mit den Arabern zu gewinnen, für eine von der internationalen Gemeinschaft geforderte Zwei-Staaten-Lösung. Aber der Palästinenserstaat an der Seite Israels soll so aussehen, wie ihn Netanjahu im Juni skizziert hat, als er das Konzept erstmals öffentlich akzeptierte: ohne eigene Armee, ohne Kontrolle über seinen Luftraum, ohne Rückkehrrecht für alle Palästinenser, ohne Jerusalem, das »die ungeteilte Hauptstadt Israels« bleiben müsse. Man brauche diese »Konzessionen« nicht zu fürchten, erläuterte Vater Benzion Netanjahu, 99, ein Ultra der ersten Stunde und immer noch einer der engsten Berater des Premiers, jetzt mit entwaffnender Offenheit: Die Bedingungen seien so gefasst, dass die Palästinenser gar nicht einschlagen könnten.

Wenn Netanjahu diese Woche ins Kanzleramt kommt, muss er nicht mit peinlichen Überraschungen wie neulich in Paris rechnen, als der französische Präsident alle diplomatischen Gepflogenheiten beiseite ließ und vor Zeugen Klartext redete: Netanjahu solle seinen für rassistische Sprüche berüchtigten Außenminister Avigdor Lieberman entlassen. »Es gibt kaum einen führenden Politiker, der nicht sagt: Was ist das denn für eine hirnrissige Ernennung?« Als Israels Premier sich die Einmischung verbat und davon sprach, Lieberman sei nicht nur ein »wichtiges Mitglied einer gewählten Regierung«, sondern auch ein »sehr netter Mensch«, legte Frankreichs Präsident nach. Nicolas Sarkozy verglich Israels Außenminister mit dem Rechtsaußen seiner Heimat: »In privaten Gesprächen kann auch Jean-Marie Le Pen ein richtig netter Typ sein.«

Die Bundeskanzlerin hält wegen der deutschen Geschichte jede harte Kritik an Israel für unangemessen; in ihrer Knesset-Ansprache 2008 mochte sie die illegale Siedlungspolitik nicht einmal mahnend erwähnen – zur Verärgerung der israelischen Linken und auch der EU, deren gemeinsame Linie sie verließ. Deutschland gilt in Jerusalem als treuester Verbündeter. Die USA, die Israel mit Milliarden subventionieren, als derzeit unbequemster: Obama pocht auf substantielle israelische Konzessionen, um sich in der islamischen Welt als ehrlicher Vermittler zu profilieren.

Wo aber verlaufen die Bruchlinien innerhalb der israelischen Gesellschaft?

Dan Meridor, 62, und Tom Segev, 64, gehören beide zur israelischen Elite. Sie sind beide Patrioten und haben, wie schon ihre Väter, an herausragender Position für ihr Land gekämpft. Sie leben und arbeiten beide in Jerusalem und respektieren einander. Und doch kommen Geheimdienstminister Meridor, in den Augen vieler Israelis Netanjahus bester Mann, und Schriftsteller Segev, in den Augen vieler Israelis ihr bester Historiker, zu völlig unterschiedlichen Schlussfolgerungen – was Premier Netanjahu und seine Absichten anbetrifft, was die derzeitige Lage und die Zukunft des Landes angeht.

Meridor empfängt in seinem Arbeitszimmer im Regierungssitz, an der Wand ein Landschaftsfoto im milden Licht des Sonnenuntergangs. Nichts Militärisches, nichts Förmliches: Der Politiker, der an Schwedens unglücklichen Premier Olof Palme erinnert, gibt sich hemdsärmlig. Sanft ist auch seine Stimme, kaum zu glauben, dass dieser Meridor, studierter Jurist und Feingeist, im Sechstagekrieg Panzerkommandant war. »Prinz der Prinzen« nannte Israels Presse ihn. Als ihn Netanjahu in seinem ersten Kabinett 1996 zum Finanzminister machte, schien für Meridor auch der Sprung nach ganz oben möglich. Die Ernüchterung kam nach einem Jahr: Er überwarf sich mit dem Premier, der ihm hinter den Kulissen übel mitgespielt hatte, und trat zurück.

Heute unterstehen Meridor sämtliche Geheimdienste Israels. Er ist Vizepremier und gehört zum »Küchenkabinett« Netanjahus, das jede wesentliche politische Entscheidung im Land absegnet. Warum dieser zweite Versuch, hat sich der Premier gewandelt? Womit muss die Welt angesichts der kriegsdrohenden Netanjahu-Äußerung rechnen, der einzige Unterschied zwischen Adolf Hitlers und Mahmud Ahmadinedschads Regime bestehe darin, »dass Nazi-Deutschland erst einen Weltkrieg begonnen und dann Atomwaffen entwickelt hat, während Teheran erst Atomwaffen entwickelt und dann einen globalen Konflikt beginnt«?

Minister Meridor sieht die nukleare Bedrohung als das alles überlagernde Problem der israelischen Regierung. Er glaubt aber nicht, dass Netanjahu die Entscheidung zu einem Militärschlag gegen Irans Nuklearanlagen schon getroffen hat, wie es die Tageszeitung »Haaretz« erfahren haben will. »Zunächst setzen wir auf die Verschärfung der Sanktionen gegen Teheran und rechnen damit, dass die wichtigen europäischen Wirtschaftspartner Irans, allen voran Deutschland, dabei konsequent mitmachen.« Niemals aber dürfe Iran zur Atommacht werden – sonst sei die Machtbalance im Nahen Osten dramatisch verändert, der Atomwaffensperrvertrag am Ende, Israels Existenz gefährdet.

Die Gefahrenlage im Nahen Osten sieht Meridor durch ein relativ neues Phänomen zugespitzt: die »Einführung der Religion in den Konflikt«. Arabische Führer hätten Israel gehasst und bekämpft, aber niemals im Namen Allahs; erst durch die iranische Führung und deren Unterstützung für die Hisbollah und die Hamas sei fatalerweise der Allmächtige ins Spiel gekommen. »Menschen können Kompromisse schließen, Götter nie.«

Aber verlangt Obama nicht zu Recht auch ein Zeichen der Kompromissbereitschaft von Israel – und sieht sich mit ständig neuen Provokationen konfrontiert? Etwa mit der Bemerkung des Wissenschaftsministers Daniel Herschkowitz, einige Handlungen des US-Präsidenten »grenzten an Antisemitismus«, und wenn die Siedlungen Washington so störten, müsse man sie eben heimlich vorantreiben?

»Es ist eine große Regierung mit unterschiedlichen Meinungen«, sagt Meridor. Entscheidend aber sei Netanjahu, den er als gereift und auch zu schmerzlichen Schritten bereit sieht. Er selbst sei früher skeptisch gegenüber einer Zwei-Staaten-Regelung gewesen, plädiere aber seit über 15 Jahren für das Konzept.

Über genaue Grenzziehungen könne man reden, aber wenn den Palästinensern das territoriale Angebot nicht reiche, Pech gehabt. »Menschen wollen die Realitäten nicht erkennen. Sie hassen die Wirklichkeit, wenn sie ihren Erwartungen nicht entspricht.« Das Problem mit der Fatah sei, dass sie »nicht liefern« könne, ob aus Schwäche oder ob sie nicht wolle, spiele für Israel letztlich keine Rolle: »Uns fehlt der Friedenspartner.«

Dass Meridors politische Karriere an der Seite Netanjahus – und in dessen Schatten – endet, erscheint wahrscheinlich. Gern erzählt er im Freundeskreis die Geschichte von Adlai

Stevenson, dem als Präsidentschaftskandidat gescheiterten US-Politiker. »Er erhielt bei einer Rede einmal besonders viel Beifall, jemand aus dem Publikum rief: Machen Sie sich keine Gedanken, jeder anständige Amerikaner wird Sie wählen – worauf er entgegnete: Wenn das so ist, bin ich wirklich besorgt, ich brauche eine Mehrheit.« Parallelen zum heutigen Israel nimmt Meridor lächelnd in Kauf.

Minuten nach dem Ende des Interviews meldet sich der Minister noch einmal beim SPIEGEL. Er will klarstellen, dass er den Status quo nicht für ideal halte. Man müsse ihn »überwinden, aber dabei die Lektionen der Geschichte berücksichtigen«. Zwei Stunden hat Meridor so geklungen wie ein Hardliner, nun möchte der als »gemäßigt« Geltende offensichtlich kein allzu radikales Bild hinterlassen – ein Zerrissener zwischen eigenen Ansprüchen und Netanjahus harter Politik. Und damit ein wenig auch ein Spiegelbild der Zerrissenheit des gesamten Landes.

Autor Segev (»1967 – Israels zweite Geburt«) arbeitet keine drei Kilometer Luftlinie von Meridor. Aus seiner Wohnung im sechsten Stock lassen sich die Wahrzeichen von Jerusalem betrachten – die historische Mauer, welche die Altstadt seit Jahrhunderten umschließt, die neue Mauer, die Israel als Sicherheitsmaßnahme gebaut hat und immer noch weiter baut. Wie eine giftige graue Viper schlängelt sie sich über die Hügel. Was gegen Terroristen hilft, ist auch ein schlichter Landraub: Israel hat für den Bau der Sperranlagen über 12 000 Hektar Äcker konfisziert, 83 000 Olivenbäume gefällt, 36 Siedlungen zerschnitten.

Segevs Eltern sind aus Nazi-Deutschland geflohen, sein Vater starb im Krieg 1948. Der Historiker gilt als Linksliberaler, er steht der Friedensbewegung nahe, von der kaum noch etwas zu hören ist. »Peace Now« wurde von Strategieminister Mosche Jaalon gerade als »Virus« diffamiert. Segev zuckt mit den Schultern. »Netanjahus Regierung hat Israel eingeschläfert, hat der Nation die Illusion vermittelt, es sei schon alles so in Ordnung, wie es derzeit ist«, sagt er. »Die meisten Israelis glauben nicht mehr an einen Friedensprozess. Sie haben sich arrangiert. Sie denken, wenn sich etwas ändert, wird es schlimmer.« Auch er selbst habe sich gewandelt, könne die resignative Haltung nachvollziehen.

»Noch mehr macht mir zu schaffen, dass in Israel Intoleranz und Rassismus gesellschaftsfähig geworden sind«, sagt der Humanist und lauscht dabei melancholisch seinen Sätzen nach. Außenminister Liebermans Partei schüre den Fremdenhass, gegenüber den Arabern insgesamt, aber besonders auch gegenüber den palästinensischen Staatsbürgern Israels.

Aber da gäbe es noch andere, etwa Ehud Barak. Früher hat er sich mit der Lebenssituation der Araber beschäftigt und einmal formuliert: »Hätte ich in einem palästinensischen Flüchtlingslager aufwachsen müssen, wäre ich wohl Terrorist geworden.« Jetzt, als Verteidigungsminister im Kabinett Netanjahu, hat er gerade im muslimischen Viertel der Altstadt provozierend eine neue Synagoge eingeweiht – und arabische Proteste weggewischt wie lästige Fliegen. Symbolisiert der Chef der Arbeitspartei den Niedergang, den Zynismus der einstigen Linken?

Segev glaubt, dass die meisten Israelis die Führer aller Parteien für korrupt halten. »Zur Friedensskepsis kommt Politikverachtung«, sagt er. Besonders bedrückt ihn »die Gleichgültigkeit der Israelis gegenüber den Palästinensern«, die Unfähigkeit, sich in deren Situation hineinzuversetzen. »Es interessiert niemanden mehr, was in den besetzten Gebieten passiert. Wir verdrängen es. Und das, obwohl eigentlich alle wissen, dass die fortdauernde Besatzung am Ende eine selbstmörderische, zukunftszerstörende Politik ist.«

Der Historiker hat Netanjahu über die Jahre genau verfolgt. Er glaubt, dass der Premier in der Siedlungsfrage den Amerikanern kleinere Konzessionen machen könnte. Aber grundsätzlich werde sich an Netanjahus Politik nichts ändern. »Er lebte lange in den USA. Er hat ein genaues Gespür dafür, dass Obamas Druck auf Israel nachzulassen beginnt, dass der neue

US-Präsident womöglich nicht in einer so starken Position ist.«

In einem Punkt werde der israelische Premier auf jeden Fall hart bleiben: bei der Beendigung des vermuteten iranischen Atomwaffenprogramms. Dabei wisse er fast alle Israelis hinter sich. »Natürlich ist die Furcht vor einem neuen Holocaust instrumentalisiert worden – aber die Vernichtungsängste sind echt. Wer das nicht versteht, der versteht Israel nicht.«

Segev klingt skeptisch, fast resigniert. Gar kein Hoffnungsschimmer am Horizont? Doch, sagt er: Marwan Barghuti. Wegen dreifachen Mordes zu einer lebenslangen Haftstrafe verurteilt, sitzt der Palästinenserführer seit 2002 in einem israelischen Gefängnis. Er soll sich dort aber immer mehr gemäßigt und zum Friedensapostel entwickelt haben. Barghuti, 50, wurde beim Fatah-Kongress Anfang August mit den drittmeisten Stimmen aller Kandidaten ins Zentralkomitee gewählt.

Hat Segev wegen der terroristischen Vorgeschichte keine Bedenken? »Ach was, auch Menachem Begin und Jizchak Schamir waren früher Terroristen und wurden Ministerpräsidenten«, sagt er. »Barghuti hat vielleicht das Zeug zu einem palästinensischen Nelson Mandela. Wir sollten uns trauen, ihn freizulassen.«

In der Jerusalemer Altstadt werden schon heldenverehrende T-Shirts mit Barghutis Konterfei verkauft. Gedruckt hat das Hemd eine Firma aus dem israelischen Petach Tikwa. »In diesen Techniken ist der Feind einfach besser«, sagt ein Händler.

Dieser Text erschien erstmals im SPIEGEL vom 24. August 2009.

IV. NACHSPIEL

Die Reaktionen

»Großartig – kontrovers – mutig – genial – schwachsinnig – bahnbrechend«

Auf die Veröffentlichung der Kurzfassung des Streits zwischen Broder und Follath im SPIEGEL beziehungsweise bei SPIEGEL ONLINE gab es lebhafte Reaktionen. Auszüge aus Leserzuschriften und Online-Statements:

Da fetzen sich zwei sehr ernsthafte und kompetente Betrachter der Szene und schaffen es, die so komplexe Situation im Verhältnis Israels zu seinen Nachbarn – und auch die historische Rolle Deutschlands und »der Deutschen« – umfassend und doch übersichtlich zu beschreiben. Ihre so sehr persönlich, schonungslos und offen vorgetragenen Argumente erlauben es dem Leser, sich als Beobachter sein eigenes Urteil zu bilden und sich zu spiegeln.

Ein exzellentes Beispiel hoher Streitkultur! Und ein Schnellkurs in Geschichte, der sich ausgezeichnet für jeden Leistungskurs eignen würde.

Eine Krawatte in Grün für den Mitschnitt des geplanten Arbeitsessens der beiden Herren ...

Hansjochen Klauss
Neubeuern am Inn

Die Art und Weise, wie Broder argumentiert, zeigt sich auch hier in den USA – etwa bei der Hälfte der amerikanischen Juden. Es ist ein psychologisches Substrat, ein besessenes Festhalten an der Idee des Belagertseins. Und damit ein posthumer Triumph des Dritten Reiches.

Professor Norman Birnbaum (Mitherausgeber der »Blätter für deutsche und internationale Politik« und früherer Berater des Nationalen Sicherheitsrats der USA)
Washington

Besonders geärgert hat mich, wie der doch sehr arrogante Herr Broder mutige und integre Israelis wie beispielsweise Uri Avnery als »nützliche Idioten des schlechten Gewissens der Deutschen« bezeichnet. Besser kann sich Broder nicht disqualifizieren. Ich unterstütze vollkommen alle Positionen Follaths. Und ich bin auch Jahrgang 1949er. Ich hatte einen ziemlich reaktionären Vater, mit dem ich mich Zeit meines Lebens politisch auseinandergesetzt habe. Aber verantwortlich für die Taten seiner Generation fühle ich mich trotzdem nicht. Allerdings dafür, dass das, was ein Teil dieser Generation getan hat, auf gar keinen Fall wieder geschehen zu lassen. Meiner Meinung nach ging der Schlagabtausch 5:0 für Follath aus. Besonders gut gefallen hat mir, dass er klargestellt hat, dass Broders Versuch, selbst zu definieren, wer Antisemit ist und wer nicht, als inakzeptable Anmaßung gar nicht erst zur Diskussion zugelassen wird.

Björn Luley
Leiter des Goethe-Instituts
Damaskus, Syrien

An Erich Follath, SPIEGEL-Reporter, im Namen von Avigdor Lieberman, israelischer Außenminister:

Als Ihre Großväter jung waren, haben sie meinen Großvätern gesagt, was sie tun und was sie lassen sollten – ob sie Haustiere halten, Radios besitzen, Theater besuchen und »Arier« heiraten durften oder ihren Besitz weit unter Wert verkaufen, ihre Wohnung aufgeben, nach Theresienstadt umziehen oder ohne Rückfahrkarte mit der Bahn nach Auschwitz fahren sollten. Jetzt sagt Enkel Erich den Juden in Israel, was sie tun und was sie lassen sollen. Da ich nicht als Laberman bekannt bin, sag ich Ihnen jetzt mal ein paar deutliche Worte: Wir haben es satt, uns von außen vorschreiben zu lassen, wie wir mit unseren erklärten Feinden umgehen. Wir brauchen diese Belehrungen weder von Herrn Steinmeier noch vom neuen Messias im Weißen Haus und schon gar nicht von einem Drehstuhlpiloten wie Ihnen.

Unsere Vorgängerregierungen haben, im guten Glauben an die Tragfähigkeit der Oslo-Abkommen, Territorien geräumt und die Palästinenser in die Selbstverwaltung entlassen. Das haben wir teuer bezahlt: mit 1500 Toten bei Anschlägen, vielen weiteren Verletzten, Verstümmelten, Traumatisierten. Wenn Sie das nächste Mal nach Israel kommen, würde ich Sie gern an den Ohren in ein Rehabilitationszentrum ziehen. Dort können Sie die Folgen des Friedensprozesses, der nie einer war, mal aus der Nähe betrachten. Danach werden Sie nie wieder die blöde Frage stellen, was denn »bloß los ist in Israel«, woher die »Mitleidsmüdigkeit« und der »Zynismus« herrühren.

Haben Sie je bei unseren Verhandlungspartnern Friedensfähigkeit festgestellt, wenn Sie uns schon das Gegenteil unterstellen? Meinen Sie wirklich, dass im Fall eines Baustopps in den Siedlungen Hisbollah, Hamas und Iran besänftigt sind? Dann haben Sie vom Wesen des Konflikts nichts verstanden. Wir haben es hier mit dem unversöhnlichen Hass ideologische verblendeter Fanatiker zu tun – Menschen, auf die das Wort

»Hardliner« so passt wie »Prostituiertenkritiker« auf Jack the Ripper.

Sie wissen, wie Sie selbst sagen, nicht, ob (Syriens Präsident) Assad friedensbereit ist. Aber den Golan kann man ihm ja schon mal geben, was? Und Sie wissen nicht, ob »mit den iranischen Hardlinern« ein Deal möglich sein wird. Aber wir dürfen ihnen auf keinen Fall in den Arm fallen, selbst wenn sie auf dem Weg sind, die Atombombe in die Hand zu bekommen und ihre Vernichtungsankündigungen in die Tat umsetzen – halten Sie das für vernünftig? »Land-für-Frieden« war, die Geschichte beweist es, ein Betrug, auch ein Selbstbetrug. Wir müssen diesen nachweislich falschen Kurs korrigieren. Hören Sie, Follath: Israelische Außenpolitik wird nicht in der Hamburger Brandstwiete (dem SPIEGEL-Sitz) gemacht, nicht in Berlin, und auch nicht in Washington. Sondern in Jerusalem. Damit werden Sie leben müssen. Sie Enkel, Sie.«

Claudio Casula
Blog Spirit of Entebbe

Dieser »Streit« ist kein Streit. Broder ist traumatisiert, Follath ist es nicht. Wo Follath politisch argumentiert, kämpft Broder um sein Leben. Wo Follath Objektivität bemüht, ist Broder zutiefst (und berechtigt) subjektiv, Zwischen beiden liegt der Abgrund der Shoah und das Wissen um ihr Wesen. Das macht die so genannten »Opferkinder« so verflucht einsam.

Bernd Eichmann
Berlin

Diese Texte könnten der Beginn völlig neuer Beziehungen zwischen Deutschland und Israel und zwischen Deutschen und Juden sein. Unverkrampft, sachlich, offen. Meinen tief empfundenen Dank für diese Veröffentlichung und den Herren Broder und Follath für ihre Zustimmung dazu.

Hermann Küenzlen
Wiehls

Beide Herren sind in der Vorstellung einer Volkszugehörigkeit gefangen. Den einen hindert die Scham über das durch Nazi-Deutschland Geschehene eine klare Position zu beziehen. Der andere zeigt die Israel-typische Bunkermentalität. Lässt man Religion und Volkszugehörigkeit beiseite, geht es um Einhaltung der Menschenrechte. Das ist der Bewertungsrahmen für den Nahostkonflikt.

Ortwin Meiss
Hamburg

So sehr ich einen intellektuellen Austausch auf diesem Niveau auch schätze, so sehr irritiert mich die permanente Wiederholung überholter Ansätze und Überzeugungen dieser und der vorangegangenen Generation. Was mich und andere doch viel mehr interessiert, ist die Beendigung von Kriegen, Unmenschlichkeit Leid und Benachteiligung von Menschen jeder Ethnie, Religion oder Staatsangehörigkeit! So empfinde ich Israelis auch nicht (primär) als Juden, sondern als Bürger eines Landes, die aufgrund permanenter kriegerischer Auseinandersetzungen mit ihren Nachbarn Frieden, Menschlichkeit und Demokratie nicht in wünschenswerter Weise leben und erleben dürfen – bis heute nicht. Diesen Zustand, aber auch das Leid der Palästinenser, gilt es im Interesse aller schnellstens und pragmatisch zu beenden. Dazu gehört für mich neben unbedingtem Friedenswillen und der Bereitschaft zu Zugeständnissen aller Seiten auch die Möglichkeit, alles zu denken, anzusprechen und zu diskutieren. Wer alte Maulkörbe verhängt, dient letztlich nur der Fortsetzung des Krieges.

Markus A. Seidel
Köln

Mein lieber Jahwe! Broder, bist Du denn total von der (Thora)-Rolle? Pinkelst Du noch vor Wochen Frau Knobloch und dem Rest-Zentralrat herrlich semitisch-unkorrekt ans Zionistenbein, kommst Du nun mit ganz und gar unkoscherem Schwachsinn um die Klagemauer-Ecke. Wir Europäer wünschen den Holocaust-Job zu Ende gebracht??? Wer bist Du und wenn ja wie wenig? Denke, Du brauchst dringend ne Behandlung, äh, Sonderbehandlung. Vielleicht bei Manfred Lütz: Hurra, Du bist irre! Verschluck Dich an Falafel! Guten Appetit, Erich Follath!

Günter Wörmpener
Detmold

Mir wurde übel beim Lesen. Unsägliche Blindheit und Rechthaberei auf beiden Seiten.

Hans-Jürgen Appelt
Köln

Broder, Follath sofort zurück an die Arbeit! Weder Juden noch Palästinenser können warten, bis Ihr bei Lamm und Lobster über alles entschieden habt!

Hansgeorg Hermann
Paris

4 000 Jahre Glaube, Kriege, Hoffnung

Keine Stadt ist wie Jerusalem, so verehrt, so heilig und so umkämpft. Mehr als 4 000 Jahre Geschichte lasten auf dieser alten Metropole des Glaubens, in der drei Religionen und zwei Völker konkurrieren – und bis heute keinen Frieden finden. Gemeinsam mit renommierten Wissenschaftlern schildern SPIEGEL-Autoren die bewegte Geschichte dieses magischen Ortes und beschreiben die Bedeutung Jerusalems als Geburtsstadt des Glaubens und Brennpunkt des Nahostkonflikts.

Annette Großbongardt, Dietmar Pieper (Hg.)

Jerusalem

Die Geschichte einer heiligen Stadt
Ein SPIEGEL-Buch

288 Seiten mit Abbildungen,
ISBN 978-3-421-04465-5

Kambodscha – vom Terrorland zum Touristenparadies

Vor dreißig Jahren ermordeten die Roten Khmer auf den »Killing Fields« in Kambodscha fast ein Viertel der eigenen Bevölkerung. Jetzt endlich werden die Verantwortlichen für diesen Genozid vor ein Tribunal gestellt. SPIEGEL-Autor Erich Follath schildert Kambodschas Weg vom Terrorland zum Touristenparadies und zeigt ein faszinierendes Land mit einer jahrtausendealten Kultur und Geschichte, das immer noch mit den Schatten der Vergangenheit kämpft.

Erich Follath

Die Kinder der Killing Fields

Kambodschas Weg vom Terrorland zum Touristenparadies
Ein SPIEGEL-Buch

368 Seiten mit Abbildungen,
ISBN 978-3-421-04387-0